一信詩學研究

—— 解剖一隻九頭詩鵠

陳 福 成 著

文 學 叢 刊
文史哲出版社印行

國家圖書館出版品預行編目資料

一信詩學研究：解剖一隻九頭詩鵠/ 陳福成
著.--初版-- 臺北市：文史哲, 民 102.07
頁; 公分（文學叢刊；300）
ISBN 978-986-314-126-6（平裝）

1.一信 2.新詩 3.詩評

851.486　　　　102013085

文學叢刊 300

一信詩學研究

── 解剖一隻九頭詩鵠

著　者：陳福成
出版者：文史哲出版社
http:// www.lapen.com.tw
e-mail：lapen@ms74.hinet.net
登記證字號：行政院新聞局版臺業字五三三七號
發行人：彭正雄
發行所：文史哲出版社
印刷者：文史哲出版社
臺北市羅斯福路一段七十二巷四號
郵政劃撥帳號：一六一八〇一七五
電話886-2-23511028 · 傳真886-2-23965656

定價新臺幣四八〇元

中華民國一〇二年（2013）七月初版

ISBN 978-986-314-126-6　　08300

序：詩如其人

一信先生是位資深的詩人，在超過半個世紀以上的詩歌創作歷程中，他是一個堅持寫作風格的詩人，從早期到現今的作品，都一直循取自己詩的語言與意境，想以感動自己的作品去感動別人，不會因詩壇流行的形式而作趨勢的改變，這是詩人難得的堅持。

福成先生博學多聞，寫作範圍涉獵廣泛，從軍事、政治、歷史、宗教到文學、詩歌，均思深入鑽研，著作洋洋灑灑，多達六十條種，可謂創作量頗為豐富的作家。

本書對一信詩作的研究，並非全從詩歌理論為著眼點，而是從一信先生出版的七本詩集依出版時序來解析一信先生詩歌創作的心路歷程，詮釋了一信先生從青澀到成熟的創作情感以及簡賅有力的文字技巧。算是別出心裁而顧及全面的詩學研究。

老友一信先生，近年多次與病魔搏鬥，最後仍以像他投注在詩歌上的堅毅戰勝了一切。他外表溫雅，內心卻洋溢著陽剛的澎湃。詩如其人，他的作品一直堅持著他的思想與風格，把一生的愛恨都譜在詩中，讀他的作品，就瞭解這位詩人。如今他仍以堅韌的生命力在詩創作途上前行。我爲他祝福。

綠　蒂　癸巳年夏至於文協

緒說：本書寫作動機・範圍・方法及架構（代自序）

放眼近百年來中國詩壇（兩岸諸地），無數詩人在這以詩構築的舞台上，伸展他們的詩作身段和風格，眾多名家有如一座大叢林，從早期開始的胡適、徐志摩、聞一多、艾青、賀敬之、流沙河……較晚的白樺、北島；以及台灣的余光中、洛夫及創世紀、秋水、葡萄園、三月詩會等詩人群，絕大多數已是著名詩人，他們耕耘詩壇半個世紀，發表無數作品，如麥穗、謝輝煌、王幻、一信、金筑。我們中國之能稱「詩之大國」，乃由這麼多「一磚一瓦」建構而成。

同是詩壇名家，居所卻有不同，大體上從生態觀察，可以畫出一張「核心到邊陲分佈圖」。歷來詩的研究者，都是針對叢林之核心名家研究，如研究徐志摩、余光中、洛夫等作品很多，邊陲詩人極少有用心著墨者。

邊陲也有動人的故事，近幾年我發現兩岸各有一位用「生命」寫詩的詩人，但他們至今仍屬「邊陲詩人」，在大陸是平民詩人王學忠，在台灣是傳奇詩人一信（徐榮慶）。二〇一二年四月我出版《中國平民詩人王學忠》後，即開始構思《一信詩學研究》的大致方向，及計畫寫作內容、進度等。至於副標題「解剖一隻九頭詩鵠」，有兩個用意，一者比喻詩人腦袋中想像力之豐富，爲常人九個腦袋之容量。二者喻其聰俊，《續搜神記》中說：「袞州張審通夢爲泰山府君所召，安一耳於額，既醒，額癢，果生一耳，尤聰俊，號三耳秀才。時人語曰：『天上九頭鳥，人間三耳秀才。』」鵠者亦鳥。按此典故，以喻一信詩學的殊盛，深值研究也。

本書研究範圍，以一信已出版詩集爲準，不含從各詩集選出再編成的選集，有以下七文本。

《夜快車》（台北：世界畫刊，民國50年8月）。
《時間》（台北：中國青年詩人聯誼會，民國56年10月）。
《牧野的漢子》（台北：傳燈出版社，民國79年元月）。
《婚姻有哭有笑有車子》（台北：文史哲出版社，民國85年10月）。
《一隻鳥在想方向》（台北：台北縣政府文化局，二〇〇一年十二月）。
《愛情像風又像雨》（台北：台北縣政府文化局，二〇〇三年十二月）。

《飛行之頭顱》（台北：新北市政府文化局，二〇一二年十一月）。

本書在研究、寫作方法上，初規劃爲完全合乎學術論文之規格，經多時思考，覺得學術論文太硬，尤其要抽離感情色彩，筆者不敏，恐將使詩作「情味」大量流失，難以彰顯傳奇詩人一信詩品的特殊風格。乃決定走一條兼顧「情」和「理」的路，以散文、隨筆之流路，補以學術方法的處理，重要資料來源加註釋，把握「證據說話」之原則，是爲取信於人。

本書各章節研究重點，盡可能力求多元，從各種不同詩學角度切入解剖，以理解一信作品的風格表達、藝術水平等。其中第十一章規劃爲比較研究，比較研究法常見於社會科學領域，詩學則似少有；本章以一信和徐志摩的情詩做比較研究，除增加全書之趣味性，也是一種實驗，就教於詩壇各大家，多多批評指正。

本書架構除緒說，總結和附件外，區分十二章，約十餘萬言。本書出版承蒙中國文藝協會理事長綠蒂先生提序，及文史哲出版社彭正雄先生鼎力配合，均致萬分感謝。（台北公館蟾蜍山萬盛草堂主人　陳福成草於二〇一三年八月。）

一信詩學研究
——解剖一隻九頭詩鵠

目次

9 照 片

一信青年在軍中之照片

一信幼年時

老年時與老詩人紀弦合影

一信於民國 55 年與印尼僑生鄧容全小姐結婚，至今已逾四十七年，情感逾老逾深，至為幸福。

在世界畫刊擔任主編時，與書法家于右任（右）、社長張自英（中）之合影

民國 56 年，推行軍中文藝，文藝組團赴軍中訪問及交流，圖為一信參加文藝軍中訪問，赴嘉義空軍基地。圖左起為一信、邵僩、朱橋、梅新、蔣芸、紀弦、史維亮、朱介凡、劉枋、軍中人員、菩提、李藍、舒暢。

主編《交通安全月刊》近三十年，圖為工作期中獲得之獎牌

壯年時在省公營事業單位服務

民國 56 年在青年反共救國團戰鬥文藝營擔任組長兼講座與詩人綠蒂合影。

民國 86 年 5 月 24 日文藝界首次正式組團訪問大陸作文藝交流活動，訪問北京、西安等多地，照片為訪問西安時攝於武則天墓前，後立者左起：一信、唐翼明、亮軒、謝鵬雄、陳坤一（團長）、李家駒、沈謙、陳信元、單成彪。前蹲者左起：王烈、李副主任、謝義美、余慧華、彭鏡禧、陳義芝、張放。

商禽（右起）一信、管管、林齡、歐陽柏燕，在詩友聚會時的紀念照。

民國 90 年，獲詩歌藝術創作獎，頒獎後得獎人合影，左起趙衛民、洪淑苓、一信、許水德（頒獎人）、周伯乃（主持人）、蓉子、台客。

名書法家于右任贈勉一信之書法及一信部分出版之作品。

民國 91 年 11 月 11 日一信（右）獲得中山文藝獎文藝創作獎、由前考試院長許水德（中）代表會長劉真頒獎，左為同時得獎者蔡文甫。

一信任中華民國新詩學會《詩報》編輯委員會召集人時與編輯同仁合影。左起為彭正雄、落蒂、一信、曾美霞、林錫嘉。

民國 96 年 5 月 4 日一信獲視同終身文藝創作成就獎之中國文藝協會「榮譽文藝獎章」由文建會前主委陳奇祿頒獎，並贈獎牌。

一信的全家福照片，四子四媳、一孫女、四孫子，中為夫婦。

隨中國文藝協會兩岸文藝交流活動時，在西北大漠訪問時之留影。騎馬者右起一信、張清香、蔡詩萍、羅智成。

1994 年 9 月 18 日在秀苑。前排左起：文曉村、林紹梅、劉建化、晶晶、謝輝煌、汪洋萍、後排左起：邱平、王幻、一信、藍雲、阿櫓、張朗、麥穗。（阿櫓攝影、金筑提供）

1998 年 4 月 4 日在秀苑。前排左起：金筑、謝輝煌、關雲、王碧儀、汪洋萍。後排左起：林齡、一信、藍雲、劉菲、張朗、徐世澤、麥穗、大蒙。（一信攝影、金筑提供）

2010 年 5 月 1 日，詩壇大老 98 歲的鐘鼎文先生，來三月詩會指導，攝於台北真北平飯店。前排左起：一信、金筑、麥穗、鐘鼎文、潘浩、王幻、謝輝煌。後排左起：雪飛、童佑華、傅予、丁潁、蔡信昌、關雲、徐世澤、許運超、陳福成、晶晶。（照片麥穗提供）

1995 年 12 月，中國詩歌藝術學會舉行第一屆第二次會員大會。三月詩會多位成員是主要幹部，後排右三是一信。（台客提供照片）

1961 年間，主編《世界畫刊》，社慶時留影。照片前排（左起）一信、杜長張自英、學者羅家倫、社長夫人饒玉。

一信於新書發表會後，與乾坤詩社部分同仁及文友合影，左起：彭正雄、丁文智、劉小梅、琹川、談真、一信、曾美霞、藍雲、陳墨、傅予、大蒙。

大陸名兩岸文學評論學者古遠清初次訪台時，與三月詩會同仁及友人合影，左起謝輝煌、王幻、古遠清、麥穗、一信、賴益成

獲詩歌藝術創作獎時，女詩人莊雲惠獻花，左為頒獎人，許水德。

隨文藝訪問團在新疆訪問，攝於新疆天池。

唐溶在圓緣茶坊招待三月詩會詩人。左起：一信、金筑、麥穗、邱平、周伯乃、唐溶、晶晶、文曉村、劉建化、謝輝煌。（金筑提供、年代不詳）。

本書作者陳福成與一信合照

作者致贈作品送台北市後備指揮部許政戰處長合影

第一章 我所認識的詩人一信先生

我個人半生戎馬，到了中年才離開軍職，因此我很晚才接觸台灣文藝界，而詩人這個區塊更是文藝界邊陲少數民族一些愛寫詩的人，蝟集而成一叢一叢，散佈各方自成的「理想國」，要進入這個理想國，說難也難，說易亦易，當然首先你必須是個「詩人」，或至少也是能寫出像詩一樣的東東。此外，就靠一些因緣牽引，才有機會接觸到完全由詩人們所經營的理想國。

台灣這個南蠻小島，雖不過彈丸大之地，卻也文風盛行。光是詩人組成的小團體，只能說不計其數，其顯要者如創世紀、秋水、笠、葡萄園和三月詩會等。大約在二〇〇七年底，已故前輩詩人文曉村先生，以及目前仍走紅於兩岸的文壇詩家林靜助和金筑三人，邀我參加三月詩會，我欣然同意。

次年（二〇〇八）元月五日，「三月詩會」在台北醉紅小酌雅聚，召集人是畫家蔡信昌先生，餐後例行要交「作業」，討論每人帶來的詩創作。這次詩題是「願望與返璞歸真」，我因第一次參加，並未帶作品來，但詩人相聚加上美酒加溫，必然詩興大發。我乃針對現場十五位詩人（蔡信昌、雪飛、關雲、晶晶、林恭祖、徐世澤、潘皓、傅予、一信、謝輝煌、金筑、麥穗、童佑華、林靜助、許運超）的作品做回應，當場即興賦打油詩十五首，贈每位詩人爲「見面禮」，真是秀才人情紙一張。我當時贈一信先生的詩是。（註一）

詠一信「愛國的變調與返璞歸真」

一信詩兄講愛國，眾說紛紛一籮籮；
返璞歸真正是詩，意象簡鮮不囉嗦。

「愛國的變調與返璞歸真」是一信先生這次詩作的主題，愛國是世上最上等的情操，爲何會變調？這要看遠因還是近因。遠因最遠可以上溯推到鄭成功收回台灣，不久鄭老英雄兩腿一蹬走了，他的兒孫分裂成統獨兩派，從此以後台灣陷入「永恆的統獨鬥爭之悲慘輪迴」局面，這種「零和遊戲」的互滅決戰，會永遠持續下去，直到地老天荒，島沈人亡，這是台灣社會的宿命，歷史累積的「冤業」，冤冤相報，永不休止。如同以阿世仇，更如基督和阿拉的鬥爭，千百年無解，只有輸贏，台灣的統獨之爭亦如是，所以，現在、未來，愛國仍是變調、變調、再變調，給詩人增加一些創作元素或靈感而已。

近因則要回到二〇〇八年元月，「陳水扁僞政權」（也是台獨僞政權），已如日薄崦嵫，正在做最後困獸之鬥。這些記憶仍新，不去回顧了，目前「僞政權」的元凶大頭目仍往「榮總精神病院」。一信先生的詩，光是講背景，我可以開課在大學裡面講兩年，還講不完。

所以，我認識一信先生到寫本書時，這才不過五年，對認識一個朋友而言，其實不算太久。但能了解一個人多少，並不在時間多久！每月一回的詩會雅聚，也沒有太多聊天時間，餐後就要針對每人創作朗讀、討論，有時只能講幾句話或打一個招呼，我和一信總是會心一笑，他的微笑很溫馨、很真誠、如童子之自然。這種有交流互動的笑容，有如佛陀在靈山拈花，迦葉微笑，一切都了然於心，言語反而成多餘。有一回我帶把吉他到詩會歡唱，一信說「教我彈吉他好嗎？」我忘了當時如何回答他的，但可見一信雖到兒孫滿堂之齡，對許多事務還是充滿熱情、好奇，像一個「好奇寶寶」。

「熱情、好奇」正是身爲一個詩人最重要的動力，保持熱情、好奇，他的詩作才能

「日新又新」。在歷次詩會中，「創新」和想像力是一信最常提示的觀念，包含詞句創新、題材創新、意象創新，人家用過的詞句不要再套用。這種「君子自強不息、日新又新」的創作理念，一信以一生信守實踐之，從民國五十年出版的《夜快車》詩集，到一〇一年出版《飛行之頭顱》，書名即可窺豹一斑。

我認識的一信，待人「恭敬而溫文」（禮記），加上熱情（內心及詩的世界），好奇，望之是一位溫文爾雅的君子。是故，我並不同意文壇上有位作家叫「江浪」的，稱一信「孤絕詩人。」（註二）我從未見過一信先生稱「孤」道「寡」，與一信同輩詩友莫不贊賞他「溫文爾雅」，更無人說（見）過一信幹過什麼很「絕」的事。江浪所說的「孤絕」，應指對詩風的堅持，或對某種信念、理念的執著，江浪那篇文章有「證據」說明：

> 在這樣一個喧鬧的世界裡，人類都被物質文明麻醉得近乎無感了，而一信卻仍然極端的清醒，仍然能夠凝神傾聽宇宙萬有對他的傾訴。而他仍然能掌握自己，做自己的主人，全心全力的去追求那些七彩的真理和恆古的永恆，追求那些未被發現，未為別人道出的真理。（註三）

對於這樣能做自己的主人，勇於追求真理，在紅塵世界裡成爲極清醒的人，如何能以「孤絕詩人」名之。在我看來，大概只有心理學上的「自我實現」，或佛法上的「明心見性」可以形容。

關於一信先生的來歷背景、創作歷程，在以下各章及書末年表詳說。本文僅從我和一信共同參加的三月詩會，略述一信在三月詩會中的點滴。按余所著《三月詩會研究》一書，一九九三年（民國八十二年）三月十三日，「三月詩會」這個小詩國團體，在中央圖書館（今改國家圖書館），當時創會員有十一人（林紹梅、田湜、王幻、文曉村、藍雲、張朗、劉菲、謝輝煌、晶晶、邱平、麥穗），這時的三月詩會沒有一信。同年五月，三月詩會雅集第二集《茶情詩意》（未正式出版），已有一信「茶之恨」這首詩，後收錄在《婚姻有哭有笑有車子》詩集中。

又同年六月，三月詩會雅集第五集《端陽詩懷》（未正式出版），也有一信的「詩囈」一詩。所以，一信雖不是三月詩會創會元老，但創會第三個月就加入，也是元老了，至今已二十年，一信的創作熱情、動力、創新精神仍在，真是可敬可佩。尤其「三月詩會」這個無組織的「鬆散聯盟」，竟能存在、運作二十年，當代詩壇無不認爲是奇蹟！神奇！不思議！

一信先生自從參加了三月詩會，二十年來創作不斷，三月詩會歷年出版合集，全都有一信的作品，包含《三月情懷》、《三月交響》、《三月風華》、《千禧三月》、《三月十年》、《彩霞滿天》、《三月采風》等。另在余所著編《三月詩會研究》、《三月詩會二十年別集》等，也都有一信的作品，一信對詩作的熱情，可謂「無役不與」。

參與詩會的出席率，一信也很高，三月詩會每月一次雅聚論詩，其實大家都很期待，否則絕不可能長久維持。以近十餘年來爲準，一信的出席統計如下。（註四）

二〇〇〇年到二〇〇二年：27次。

二〇〇三年到二〇〇五年：22次。

二〇〇六年到二〇〇八年：31次

二〇〇九年到二〇一一年：23次（註五）

但一信於二〇一一年四月二日參加雅聚後，因病住院及在家修養。到二〇一三年二月二日詩會雅聚，他容光煥發的重現在我們這小小理想國中，他缺席了將近兩年。但願從今以後，一信在三月待會的例行雅聚，永不缺席，同在這詩人的理想國「桃花源村」裡，共飲美酒，創作不朽的詩章。

我所認識的詩人一信先生，最深刻感受到的是他仍保有一份赤子之心，並以這種「童子性情」來待人和寫詩，在芸芸眾生之中，這是一種最難以「保存」的本我情操。絕大多數的人，隨著年紀增加，社會各種不良環境（含現實的妥協）之影響，必使最純潔的赤子之心，也日愈質變而腐化、惡化。我近年偶聞高僧講法，曾說佛法並無高深難解之妙理，赤子之心便是一種佛性，人皆有之，只是多數人並不自覺或已失去。

唐朝鳥窠道林禪師住在錢塘時，詩人白居易入山拜謁問道：「什麼是佛法大意？」禪師回答說：「諸惡莫作，眾善奉行。」白居易不解的說：「這麼簡單的道理，連三歲小孩也會說。」禪師答說：「三歲孩兒雖道得，八十老翁行不得。」

從這段禪門公案對話中，可見兒童「心性本真」的難能可貴，而成人既有的見聞和知見，反容易造成「明心見性」的障礙。這是赤子之心不容易保存的原因，赤子之心若全流失光光，人便不見有「真性情」了。

在文壇詩國裡，最常聽到的一句話勉勵詩人們，「保有你的真性情，用真性情寫詩。」我認識的一信，除了有創作熱情，有創新和好奇精神，更保有赤子之心，這是身為一個詩人最珍貴、無尙之情操。

註　釋：

註一：陳福成，《三月詩會研究：春秋大業十八年》（台北：文史哲出版，二〇一〇年十二月），頁五一—五五。

註二：江浪，「孤絕詩人一信」，《自由青年》（出版時間不詳，該文針對一信在民國五十六年十月出版《時間》詩集所寫，判斷時間距此不遠。）

註三：同註二。

註四：同註二，見頁一一四—一一七，即表一到表四。

註五：二〇一〇年七月以後出席情況，見拙著《我們的春秋大業：三月詩會二十年別集》（台北：文史哲出版社，二〇一二年八月二刷），頁二十—二一，即表一、二。

第二章 《快夜車》向詩壇問路（上）

大凡在文壇詩國能夠長期保持創作動力，在這塊桃花源村的詩田裡，永不輟耕，通常在他的年少時代，有一些啓蒙的因緣，包含筆者也是。

一信在民國四十年（19歲），負責主編第六軍情報隊壁報，並投稿軍部「雄獅報」獲採用。四十二年（21歲）部隊駐防花蓮，作品常見地區「更生報」副刊。四十四年（23歲）駐防金門，新詩「送別」刊在「正氣中華日報」副刊。這種「步步深入文壇」的情境，是一種無形的鼓勵，讓人在心理上產生滿足感，又增強再創作的動力。這是從一個人的內在心理來論述，個人思想受到啓動、啓蒙的因緣，人皆如是，人皆不同的因緣。

從外環境來說，人是受環境影響的，人的內心和環境有「必然之連接」，故有「近水樓台先得月、女人愛她身邊的男人」之說。環境影響包含整個大社會、大時代、國家民族的因素在內，所以「作家只是寫他身邊的事」，是平常、簡單的道理，亦是偉大的真理。這在一信每一本詩集的作品，都可以獲得實證。

一信期待要成爲詩人，進入詩壇，應該從民國四十五年（24歲）參加軍中文藝函授班開始，有覃子豪、墨人先生的指導，並選介習作刊在《中華文藝》月刊，之後一信詩作才在藍星週刊、中國日報、文壇等發表。到民國五十年，一信已創作了兩百餘首詩，平均一年有四十首詩，算是很努力了。但一信精選五十三首編成出版《夜快車》，可見他對詩質詩品的自我要求是很高的、嚴肅的，現在人們說的「玩真的」。

《夜快車》詩集，於民國五十年八月由世界畫刊出版。檢視全書五十三首詩，依其詩題（只是名相），大約可分以下幾類。

△**自然環境**：如潭、虹、春花、白蓮、晴雨、初開的花、拂曉、台北市等。

△**情境造境**：除夕夜零點、青春、嘆息、黃昏後、佇立海邊等。

△**人的活動**：籃球賽、祝婚曲、寄聲、散戲後的戲台、一老人、啃墓碑的人等。

△**動物物件**：電燈、火箭、無線電話、籠中虎、伊甸園外的企鵝、蝶、蛾之情話、教堂頂上的梟鳥等。

△**言志感懷**：夜快車、懷鄉人、時間、政治、年紀、祈禱、夢之念等。

以上對一本詩集做這種分類，其實意義不大。原因在詩和散文的特質不同，散文的題目和內容通常必須「文題有明顯的相合」，絕不能弄到「文不對題」。但詩則不一定，甚至有很多文題相離（詩稱爲跳接），例如這本詩集也頗多這種安排，「蛾之情話」寫的並非蛾，「蝶」也不是在寫蝶，「夜快車」也並非單純的夜快車。這是詩語言之妙處，詩要情境，意境乃至造境。

我一回一回賞讀、思索《夜快車》五十三首詩，我最先感到驚奇的，並非這五十三首詩中任一首，而是詩集所未寫到。整本詩集竟沒有一首或一句，有「反攻大陸、解救同胞、服從最高領袖」等意涵的作品。爲什麼？活在那個時代的作家，有誰不寫點應景（或表態）的作品？讀者看倌，我這一問，你或許知道一信是怎樣一種詩人！爲藝術而藝術。

是故，吾人若想要深入理解一個詩人的作品，必須從詩的內容去看情境、意境或想像的張力，詩語之創新，比對外環境的大時代政治、社會條件。以下按上下兩篇五條「通路」。進入一信的詩國，賞析《夜快車》向詩壇問路。

一、29歲的男人心中最渴望什麼？

從民國三十八年到五十年，一信到台灣已十幾年了，年齡從十七八青年到已是而立男人，這段時間正是「雄性激素」最旺盛的年紀。男生在這個年紀若說他不想要有個情人可以談心，不渴望愛情，那真是二十世紀可以排名第一的謊言，除非他生有天命要當一個「出世高僧」。但一信不是，他是有熱情的漢子，加上當時已是反攻無望，台灣處於「苦悶的年代」，對愛的渴望必然更強烈。一信畢竟是個詩人，「寫詩要含蓄」是他經常提醒的要領。

這本詩集頗多「示愛」作品，只是程度上有強弱濃淡之不同，但不外是對愛情的渴望，對異性傾慕。例如「戀，獨語」、「蛾的情話」、「寄一少女」、「晴雨」、「夢之念」、「青春」、「春花」。賞讀「戀，獨語」一詩。（註二）

縱如此冷漠，妳的慧美
已羅我於青色的單戀彩網中
失眠之夜海，想像潮湧
意識的雷達尋找我感情的行縱

測妳向我走近，忭喜
亦懼，怕神秘遠颺
戀之意念亦隨之消失

如妳稍離我，疑畏
疑畏妳棄我
如晨霧之逝

若妳的感情能任我摯愛擁抱
將再不有相思苦繞我
如妳永似此時之冷漠
我怎能甩掉那愛的憂與夢的思
及那午夜不眠的偷偷嘆息

（前鋒報詩綜）

這是苦戀，十足的戀愛中那種若近若離，朝思暮想，午夜夢迴的情境，寫的含蓄但有豐富的感情。「測妳向我走近，忭喜」、「如妳稍離我，疑畏」，談戀愛有苦有樂，夜用「夜海」加以夸張，顯得夜之漫長。這場戀愛應是男生比較辛苦，才會「羅我於青色的單戀彩網中」。再賞讀「晴雨」。（註三）

上帝似少女。不時　笑著
暖暖甜甜地笑著
有時，惱泣著
向我感覺淋以冷流

我愛的少女，如上帝
情感之液體：降落、昇華
眩弄我於晴雨之間

我情感手指的慾望

豈小於陽光及泥土的貪婪
苦於抓不住任何一端

乃

上帝，愛人，我的情感
三位鑄成一煩惱之體

（前鋒報詩綜）

用「上帝似少女」的比喻，是獨特而新奇的詩語言，因爲上帝不可測、不可知，女人亦如是。有時候女人是用來欣賞的，「暖暖甜甜的笑著」是詩人的造境，只要看到她對你一笑就開心了。但男生對女生（戀愛的對象），不會止於牽牽手。看她笑，男生往往主動進一步要一親芳澤，「我情感手指的慾望」衝動愈來愈不乖了。這種對性的渴望、暗示，用詩語言表達很生動。下面一首「青春」對性的暗示就強烈多了。（註四）

游動的蛇

悄悄地
潛入年青人心的草原
含苞的罌粟花
無聲地
茁放多汁的花朵
多事的魔鬼啊！
將罌粟花幻化成無花菓
年青人的心裡也時時說著蛇的語言
（前鋒報詩綜）

蛇在文學幾乎是女人的代名詞，在詩中更有強烈的性暗示，「游動、悄悄地」有著動態美感，在年青人心中慢慢升起的一股性衝動。罌粟花在這詩中可以有很多想像，「多汁的花朵」，就是那青年男子想要的。戀愛中男女不論禮教框架如何堅硬，大多逃不出性的魔鬼，連語言對話也是「蛇的語言」（愛語）。這或許是詩人自己的經驗實證，也可能只是想像，或一場夢。

其他如「寄一少女」一詩，「何至於有所忸怩／風雨的行程，將無暇我作愛情患者的呻吟」；「夢之念」一詩，「一個小小甜甜的／快樂的夢／把我迷得深深的」；「春花」，「一個年青人摘下一朵愛情的火燄／佩在他愛人的胸前／那火，燃燒了她甜蜜的心」。（註五）凡此，都有愛的暗示，情的索求，性的渴望，或顯或隱，在那苦悶的年代，人要有一個「出口」，身爲詩人，詩是他最想要建構的「出口」。

二、苦悶的年代，何去何從？

《夜快車》的所有詩作，大約是寫於來台後第五到十一年間，此時期也大概還在期待回大陸的最後一絲希望，或正在希望和絕望的臨界點，而尚未想到要就此「落地生根」。進退兩難的局面，讓人不知何去何從？苦啊！悶啊！表現在文學作品上，必然跑不掉一些人生的困頓、灰暗，身不由己的情境。如「籠中虎」、「潭」、「懷鄉人」、「牢獄」、「萍：流浪漢的歌」等詩，都有這種意涵，賞讀「懷鄉人」。（註六）

眾星中間的一顆星
斟滿滿醇愁的酒
多番狂飲，多次酩酊
燃許多枝煙
燃一雙茫然的眼
燃多次抽象的凝望，燒多次立體的凝望

歲月掩來，掩來蛇般蜿蜑的思緒

斑馬線太短，柏油路太短，鐵軌也太短
想走的，是一條踩不著路的歸

開始是很早的了
在沒有糾纏黃昏以前
沒有酗夜以前

歲月掩來，掩來塵埃之黑幡
鬍鬚的竊語越發多了
脣上再黏不住一些志願
凝望著一襲穿不上身的美好
是流蘇質的

歲月掩來，携夜杯
來飲一顆星的焚燒
滿天的狂醉

（世界畫刊）

這真是一信「旅台」以來最困頓的心情，那種孤寂真是言語難以形容。我記得民國六十四年自軍校畢業，就中了「金馬獎」金門服役，當時規定軍校生到外島兩年不准回台休假，兩年就快叫人發瘋了，也只有借酒解愁。而一信同輩的詩人們，當時的處境定是比我的時代更愁苦，表達於詩「眾星中間的一顆星／斟滿滿醇愁的酒」，詩人雖窮，也自命是天上星星下凡，這是詩人的自信，煙酒終究只是「抽象的凝望」，回家的路無限長，好像永遠沒希望了，思緒「蛇般蜿蜑」，很委曲，這首詩中的「蛇」應是「委蛇（音一ˊ）」敷衍之意，得過且過，最後「脣上再黏不住一些志願」，只好「滿天的狂醉」。這首詩詩語言豐富，把懷鄉人的心情寫的很深刻。人苦悶的時候，整個環境、空間都成爲「牢獄」。（註七）

地心吸力禁錮我
獄卒、笞我以
原子、核子、飛彈之重鞭
第一個越獄者
乃報名乘火箭赴月球了

詩中的「地心吸力、獄卒」另有所指，應是詩人所處的環境，軍隊、軍法、政局、

軍人使命等，這種情況我自己經歷過，想逃都逃不掉。類似的情境書寫還有如「籠中虎」這首詩。（註八）

昔日，砂石的行止，山巒的戰慄
全在我的轉動之間
鼾息，也曾使百獸驚魂

而森森鐵柱囚我
囚我於餵食生活中
我的咆哮，遠不如往日之嘆息了
小貓捕鼠的腳步也能驚回我的英雄夢
然而，若火山已滅之漿岩化石
當日的易燃雄焰
如今，用太陽的火把也點不燃了

（前鋒報詩綜）

詩人寫詩如同國畫，可以很「空靈」，不一定要親臨現場也能創作，這是想像力的發揮。「籠中虎」也是，不一定要到動物園看老虎，但也許詩人真的看到籠中虎，真的在為那隻老虎感傷。真正要訴說的，也許對自己處境現況的比喻，早年也有過雄心壯志，現在用太陽當火把也點不燃英雄夢，使整首詩的情境產生有無的強烈反差。這種身處困境，身心苦悶又不能脫逃，在「潭」這首詩也表現的很深入，「陰森的潭，情感之水源在何處／時時，我祈求陽光及和風／索艷光與漣漪賜予我／時時，冷峻之寒意浸凍我心谷……我的心，是水上的萍／不能脫逃地，被凍結情感的死水中」。（註九）

人生最大的困頓，莫大於親情、愛情無可安處，在那個「反攻大陸」的年代，人都沒了自己。但人生所面對的一切，其實都是相對的，天大之弊的背後往往是天大之利，反之亦然。東晉末年都督諸葛長民說：「貧賤常思富貴，富貴必履危機」。（註一〇）文壇上常有一句話「詩窮而後工」，這個「窮」除了是物質面的窮，也指精神面窮愁，詩聖杜甫窮到去市場賣魚謀生，是詩壇上常舉的實例。只是人終究是人，謀富貴發達是一種本能，窮困時只好自比「萍：流浪漢的歌」，以期在精神上得到自由解放：

湖底有一個天
我是天上的雲
風去那裡我也去那裡

啊！風來了，風來了
我要遠行，我要遠行……（註一一）

三、情境、造境與意境；想像、夸飾與張力

在前面賞析的作品中，詩人已用了很多意境營造、想像夸飾等詩的技巧。如「晴雨」、「青春」、「籠中虎」、「潭」都展現了這種功力，尤其「意境」是一信詩品重要的體現。中國詩人透過意境的營造，體現人生理想和審美觀，可以說「意境論是中國詩學的結晶」。（註一二）特選《夜快車》幾首爲範例賞讀，「除夕夜零點」一詩。（註一三）

紅燭的光華是酒：
飲昏了時間，飲醉了希望

透明了一個朦朧的苦笑
那比懼怕還令人懼怕的
是一聲短短的質問
出自掛鐘零點的嘴角上的

噯！零點
担的前後兩頭日子都是沉甸甸的呀！
而我！卻被壓在一無所有的真空地帶

這首詩經營出一種很詭異的氣氛，情境陰森，故「比懼怕還令人懼怕」，因爲「我」被白日和黑夜壓迫著，除夕夜是歡樂團聚的日子，爲何成爲被壓迫者？這是一種「造境」形成的意境，把內心的苦悶加以夸飾、擴張。這首詩的理解必須透過想像力，始能感受到意境之美。利用「掛鐘」和「午夜零點」兩個意象，佈局出恐懼情境的手法，像極了兩百多年前美國詩人、小說家愛倫坡（Edgar Allan Poe, 1809-1849），在他的一篇小說「死

亡舞會」，純粹用想像力「造境」出來的意境。（註一四）另一首和「除夕夜零點」有同工之妙的，是「拂曉」。（註一五）

沉睡的黑色，朦朧的暗褐
留戀的灰黃，輕喟的淺白
擁擠在一刻鐘的狹橋上

而橋，正在睡眠中潛伏著清醒
怔立在迷糊與感應之間

一些愛幻想的人，摟抱夢
在橋上尋曙光

一個戴著耀眼珠寶的小蕩婦
慌慌張張地跑過這狹橋

於是，整群的人和獸都目眩了
乃皆掙脫了思索的挽留，跑下橋
叫囂地追逐她於蒼白中

（中國詩友）

這首詩集合了想像、造境、比喻等詩寫技巧，創造出拂曉時刻的意境美感。詩中的「橋」並非一座真實的橋，只要拂曉的比擬，白天和黑夜的連接者，而那「戴著耀眼珠寶的小蕩婦」就是將要出現的太陽，二者都有豐富的想像力。「橋」和「小蕩婦」是二個創新運用之意象，用「正在睡眠中潛伏著清醒」形容橋（拂曉），很貼切、很新鮮的詩語言。而「電燈」這首小詩，想像、造境之外，又加上夸飾以彰顯其張力。

蒼白孱弱之十五歲少女
竟而，引萬鈞熱力
揮霍於一寸柔心

竟而，在我斗室之宇宙中
自塑成一輝煌之太陽

（文壇季刊）

從第一行「蒼白孱弱之十五歲少女」，到第五行「自塑成一輝煌之太陽」，讓人感受到迅速擴張的效果。而把斗室內一顆燈泡寫成輝煌的太陽，這也太超過了，但詩語言的夸飾是爲了要營造一幅驚心動魄的畫面，「白髮三千丈」「黃河之水天上來」，正是所謂「語不驚人死不休」。這是一首很成功的小詩，結構完整，用十五歲少女比喻暗黃的小燈，也是一個讓人有很多想像的意象畫面。

詩有時候拿來想像，或欣賞（如賞一朵花），你只知產生某種震撼，感覺特有的美感，但如何的美，卻無法解釋，乃至

趙無極的《向杜甫致敬》在二〇〇八年香港拍賣會，以五百九十萬美元高價賣出。

人间福报2013.4.11 圖／資料照片

不可說！不思議。這種情境只能意會，不能言說，在藝術各領域作品中比比皆是。

甫剛過逝的抽象派大畫家趙無極，他的抽象畫是國際大師的水平，如這幅「向杜甫致敬」，二〇〇八年香港拍賣會，以五百九十萬美元賣出，相當台幣一億七仟多萬元，看倌看看是不是像一團打翻的墨汁油彩，但創作表達的意涵是向杜甫致敬，有誰能理解？

本文舉一信「拂曉」、「除夕夜零點」、「電燈」等詩作賞讀，都還在可以理解的範圍，並未太過抽象。惟情境是主觀知覺的感受，意境是直觀的領悟，多少對詩語言要有一點敏感度；若敏感全無或沒有「感覺」，那就「莫宰羊」了！

註釋：

註 一：江石江，「夜快車」，自立晚報，民國五十二年九月十一日。

註 二：一信，《夜快車》（台北：世界畫刊，民國五十年八月），頁四八—四九。

註 三：同註二，頁六四。

註 四：同註二，頁三一。

註 五：均見註二書。

註 六：同註二，頁四三—四四。

註　七：同註二，頁四五。
註　八：同註二，頁一一。
註　九：同註二，頁一七－一八。
註一〇：見《晉書・諸葛長民傳》（出版資料不詳）。
註一一：同註二，頁六七－七七。
註一二：陳慶輝，《中國詩學》（台北：文史哲出版社，民國八十三年十二月），頁一二五。
註一三：同註二，頁八。
註一四：陳福成，《愛倫坡恐怖推理小說經典新選》（台北：文史哲出版社，二〇〇九年二月），頁二七－三一。
註一五：同註二，頁三－四。

第三章 《夜快車》向詩壇問路（下）

社會學家、心理學家常說「人是社會動物」，也有政治學家說「人是政治動物」，這些說法都有一定的理論基礎，但我們必須理解這只是一種「理論」，很多經驗顯示皆如此，但未必一定如此。雖只是理論，已經夠了，這表示人和外環境（社會、政治）是互動的，相互受影響的，此前文已有論述。是故，孫中山先生說：「管理眾人之事謂之政治」；反之，可說「政治管理眾人」，沒有任何人可以完全逃脫政治的影響力，只有程度的差別。

在中國歷史上，當天下不可爲，政局動亂、腐敗，詩人出現兩個「出口」，其一山水田園詩派（謝靈運、陶淵明、王維、孟浩然）；其二宮體詩派（簡文帝、陳後主、徐陵等），這兩個出口都是盡可能遠離社會和政治現實。

我研讀一信《夜快車》各詩品，思索他所處的時代，他創作這些詩篇的背景環境，從民國三十八年政府遷台，到五十年這十餘年間，當時台灣已走過風雨飄遙，站穩腳跟，積極「準備」反攻大陸，一信是個現役軍人，必能感受那種氣氛，直到民國四十九年他自軍中退伍。《夜快車》詩集所有作品也有遠離政治的傾向，卻沒有走上「田園詩」或「宮體詩」路子。按我的「政治觀察」，這本詩集的作品也還是受到當時政治環境影響下的「產品」，以下從兩個切面觀察並舉例。

一、苦悶年代中的籲天與批判

前面說一信這時的詩風沒有走入田園詩或宮體詩，這些是「出世」的；而一信的詩作屬於「入世」的，儘管一信討厭政治，他也是「反戰份子」，但因「入世」使命的存在，他的某些詩就有強烈的「籲天與批判」性格。這裡舉三首，先讀「政治」。（註一）

曾誘殺群蛾於捕蟲燈的偽笑
尋陽光思想的，遂被愚撲弄火花而自眩了

昨日，逃亡的喜鵲告訴我

耶穌為凱撒所拘禁
釋迦牟尼悟道的菩提樹被名利的虫蛀空
莫罕默德拿劍的手砍斷了捧可蘭經的手

哦，難怪，難怪仁慈的祈禱者
哀求毀滅太陽七晝夜

台灣以前有一位民意代表叫朱高正，他的一句名言「政治是高明的騙術」，最能詮釋這首詩。但詩是詩語言構成，有比喻、想像和美感，朱高正的名言完全沒有。

把政治說成「捕虫燈」，人民就是那些撲火赴死的各種蟲類，可憐啊蒼生子民，可惡啊政客政治。一信這隻大壞蛋（捕虫燈）還會笑，奸笑僞笑，但他一定也笑的很自然，才能吸引很多「粉絲」赴死，真是好可怕，這是政治之實相嗎？自古來也有很多人說「人民的眼睛是雪亮的」若然，就不會撲入僞笑的捕虫燈，死的不明不白。一定是「自眩」了，迷惑了！

第二段那些人名（神、佛）都是比喻，象徵政治的腐敗、矛盾，最後兩行乾脆大家一起死了算了！這是對政治最強烈的批判，最沉痛之籲天。「時間」和「年紀」二首像姊妹品，前者較有積極性，是詩集中體現苦悶年代，產生絕望後轉移的二首精品，先讀「年紀」。（註二）

一隻陰狠的野獸
殘忍地、沉默地
啃噬我靈魂的骨頭
　啃得「滴滴」發響
　啃得慘流時間骨髓

昔日，它曾與我最友好
今天它祗兇狠地
啃噬我靈魂的骨頭
　啃得碎骨散落於時間

這是一首詩語言豐富的短詩，把年紀活化成一隻野獸，還啃食自己的骨頭，可見日子多麼苦悶，年紀一年一年增長，而兩袖清風，要娶老婆，誰會嫁給他。「昔日，它曾與我最友好」，人年青時對年紀並不會太在意，反正年紀輕嘛！慢慢的有了急迫感，把年紀視爲敵人，視爲野獸，這首詩寫的活靈活現的。再看「時間」。（註3）

如此殘忍的獨角獸
觸死一宇宙的往日的光輝
蹂躪了一世界的歷史的炫耀

動著貪婪的大嘴
咀嚼今日命運的詭譎，消化墓碑的硬度
每走一步總踩死一群綠色的青春
充耳
聽不到年紀的呼救

時間，當我以無意識的冷眼囚你時
你畢竟在我籠中風化

這首詩和「年紀」一樣，「時間」被擬人化成一隻殘忍的獨角獸。第一段非常的「存在主義」，一切的存在最後都歸於死亡、消滅，這當然也是事實，宇宙間萬物萬事，包含所有行星和恆星，最後亦是壞空，只是時間在很久以後的事。詩人抓住這個宇宙間永恆的真理，把時間實物意象化，連墓碑也被消化了。「每走一步總踩死一群綠色的青春」，每分每秒的時間，世界上都有許多人死掉，用「踩死」是很鮮活的意象，表示時間的無情、殘忍。老人須要時間、病人也須要時間，大家都須要時間，希望可以活的更久，但不論你如何呼救，時間一至，你還是走了。正是所謂「閻王要你三更走不會五更來要人」！

時間如此可怕、殘忍，詩人說他如何戰勝時間，「以無意識的冷眼囚你時」，這個「囚」字用的真好，表示詩人還能善用、管控時間，讓時間「在我籠中風化」，才有這麼多作品問世。

讀「時間」和「年紀」二詩，須要理解二十多歲的青年男子，長期待在「沒有希望、沒有發展」的野戰部隊，過著苦悶、單調，看不到前途的日子。大好的青春，正當盛年的「年紀」，每天被時間「啃得碎骨散落」，慘啊！要拿出決心戰勝時間、戰勝環境！

二、掙脫困境、迎向挑戰，自我塑成一神蛟

詩言志是中國詩學的開山綱領。（註三）這表示「詩言志」說，是我國最古老、最傳統，影響最廣泛久遠的詩學思想。如《尚書‧堯典》曰：「詩言志，歌詠言」；《莊子‧天下篇》也說「詩以道志」；《原詩》又說：「詩是心聲，不可違心而出，亦不能違心而出。」（註四）是故，言志和感情是統一的，如唐代孔穎達所理解的一樣，「在己爲情，情動爲志，情志一也。」

從「言志」說讀一信此時期作品，覺得一信雖身處一個可以讓人「喪志」的苦悶年代，但他從未失志，在他的不少作品可以讀出他向命運挑戰之情境。此處賞讀言志的代表作，先看「佇立海邊」。（註五）

我嚮往無際的海洋
平靜是不表露的含蓄

憤怒浪花是無理的狂風激起的

思想是船
羅盤撥向真理港
漠視風暴的阻撓

白雲是愛情
無意地飄過
祇作偶而的投影

事業要如太陽
燦爛地從世界上走過
千萬年後的人都叫得出名字

詩人透過詩言志，人生目標要追求的不外：自由、真理、愛情、事業。此四者，應是一個有為青年的人生理想，千萬年後仍要人記得，這大概就非得「立功、立德、立言」三不朽才行了。心之所之，是心中這麼想著、期待著，也許只是一個夢想，詩人是勇於做夢的人種，不是說「有夢最美嗎？」總比不敢做夢還強。詩人的夢有時不難實現，只是出版一本薄薄的詩集「五十號砝碼」，用來向詩壇問路。（註六）

紅燭睜著明亮的眼睛
瞪著我衝進五十號的拱門
幸運之鴿還在沉睡
無睹於我為門外夜之重量壓佝僂了的腰

我捧著有笑意的豬頭，告訴牠
在我希望的天平上
一本薄薄的詩集，一個甜甜的愛情
等於五十號砝碼的重量

（文壇季刊第四號）

不說紅燭高照，而說紅燭睜著明亮的眼睛，一開頭詩的氣氛就出來了，顯得愉悅而有希望。這是一個好的起步，啓動了當一個詩人的願望，原來詩人之志並非要建立什麼豐功偉業，追求什麼三不朽，只是當一個詩人，光是這個開始已經很辛苦了，要承担很大壓力，因爲這是「虧本生意」。就算詩作賣不出銀子，還是有很大的希望可以期待，「一個甜甜的愛情」也有可能。重要的是詩人打算以小搏大，以一本詩集，當成「五十號砝碼的重量」，則可以稱量出更大的重量。這是詩人心之所之，有了一本薄薄的詩集，未來也許有無限的可能，包含愛情。

《夜快車》詩集中的五十三首詩，最能體現詩人勇於迎向挑戰，無懼於空間距離向前奔馳，證明自己不因苦悶的環境而得過且過，證明自己不因返鄉無望而失志，就是「夜快車」這首詩，應是詩人以詩言志，故同時也做書名，賞析之。（註七）

衝過地域與地域，思念與思念的
　　間隔
縮短了時間在空間上的，心與心的
　　距離

不疲於時間，不寢於夜
以流星劃過天際的矯捷之姿
拂脫穿綠色衣裳少女的胸脯引力
　滿載燈之珍珠的妖豔少婦懷抱

在無敢阻攔的驃悍裡
折斷了日月的光柱
　風雨的利矢
戳穿了霧的蒙蔽，無懼於夜的恐嚇
昂然越過戰慄的山水
　　　　　惺忪的村莊

在堅硬的地殼上，無盡的行程裡
俯衝成一雄偉的大動脈

奔流，無忌的奔流
奔流於百萬顫抖的心地

驟然一吼，從企鵝群的驚惶中
一神蛟之偶像乃自我塑成

（亞洲文學第十六期）

《夜快車》詩集出版後，當時有多位名家提出詩評，如季薇、江石江、屠申虹、陳芝萍、白楓等。季薇評「夜快車」一詩，氣定神足，雄豪之至，其運用文字之技巧，尤爲精湛，其連用「地域與地域」「思念與思念」「心與心」的雙聲反急促的短句「衝過」「不疲」「戳穿」「無懼」而造成一種快速豪膽的效果。（註八）季薇的評文提到一信「虛懷若谷的學習，意志和恆心」，有強烈的進取心和豐富的想像。這和我現在認識的一信，五十年前和五十年後，真是始終如一，才使他在當代中國兩岸詩壇，有了一席之地，成爲一個可敬的詩人。

「夜快車」前段部份，以夜快車形像意象化，奔馳於地域和地域之間，那種無懼驃悍，象徵人生必須自強不息，必須突破現有困境，也視爲詩人的自勉。中段的「戳穿了霧的蒙蔽，無懼於夜的恐嚇」，明喻夜快車不論黑夜陰雨都會完成任務，也暗喻人生旅程碰到的各種蒙蔽、恐嚇，但終究必須去戰勝所有的惡勢力。末段則可視爲人生的一種自我實現，「成一雄偉的大動脈」，造福眾生；就詩人自己，自塑成一神蛟之偶像，我就是我，我是我詩國之國主。

總論《夜快車》，這是詩人的第一次，自然是很慎重的；但也因是第一次，算是一本實驗性詩集。爲何是實驗？因詩人還年青，尚未找到一條確定可行的路。而在客觀的詩壇環境，還在「東不東、西不西」的迷陣中摸索。所以一信在詩集「後記」中，一再提問，怎樣的詩才是今日的詩？什麼詩才是永恆的詩？我該走那條路？

吾人常言「路是人走出來的」，確是，每位詩人都有自己的「詩路」，只是這條詩路何時才走得出來，何時才由自己去認證，是時間的問題。就像佛說「人人都有佛性」，只是多數人被蒙蔽，尚未發現自己有「佛性」，甚至一輩子不知道自己竟有佛性，真是太可惜了。

一信以虛懷若谷的精神，有自強不息的信心，爲尋找自己的「詩路」而勇往直前。欲知其下一步路如何！可讀他的第二本詩集《時間》。

註　釋：

註一：一信，《夜快車》（台北：世界畫刊，民國五十年八月），頁一三。

註二：同註一，頁三三。

註三：陳慶輝，《中國詩學》（台北：文史哲出版社，民國八十三年十二月），頁二。

註四：均見註三，第一章。

註五：同註一，頁四二。

註六：同註一，頁二八。

註七：同註一，頁二六—二七。

註八：季薇，「詩與生命：兼評『夜快車』的啓示」，《反攻月刊》第二四一期（年代不詳）。

第四章 用《時間》擊敗時間：一信的生命創作觀

每一個人認定的好詩標準不一，形式、技巧、語言、音律、意象、境界，乃至想像力、風格等等。但通常我把感情、感動放在第一印象，能感動我、感動人，就能與人產生共鳴。孟瑤在《中國文學史》一書說：「詩，抽掉感情便空無所有了。」（註一）感情無假，假作必非真感情。故真情之作必迫於內心感情的激蕩，無一處不真情流露，無一處不情真意切自然，也無一處不哀感動人。當然，這有很多程度之別，但讀之無感無覺必是下品，而「能動天地、感鬼神」必是上品極品。

這種對真性情的堅持，事實上也是一信創作詩章的動力。一信認爲我們活著並非等待死亡，更不應該「活著便是活著，死亡便是死亡」無所謂地活著。至少，我們要發現自己，瞭解自己。進之，要生活自己，讓自己真真實實的活下去。

要做到這個境界，我們惟有與時間抗衡，對時間戰鬥，擊潰時間，擊敗時間。而擊敗時間的方法，在一信來說就是創作，好的創作就能否定時間。這是追求超越死亡的真實生命之途徑，就是我們艱巨的使命。

以上的創作觀是一信在第二本詩集《時間》自序上，真實之真情表述，這是一信的生命創作觀。《時間》詩集是在民國五十六年十月，由中國青年詩人聯誼會出版，全書分三輯有三十餘首詩，自序前有當代中國詩壇大師余光中的序。

從《夜快車》之後，六年來才選出三十多首詩集結成《時間》詩集，平均每年約五首，確實顯得不足。但得看看這六年他在幹啥！

民國五十年（29歲）進入世界畫刊，出版《夜快車》、任主編，次年底離開世界畫刊，又隔年在重慶南路春江文具店苦熬一年，五十三年後在台灣省交通安全委員會，五十五年結婚。若因「把馬子」而減少創作，此情尤可原。這本詩集雖然是薄薄的小冊子，三十多首詩，一信也還自認是實驗之作。讀完全書，我選出若干真情、感動的代表作，略說品賞心得。

一、遊者小記・寂寞・金山狩獵

《時間》第一輯「遊者小記」，有十五首詩，一信顯然在自序中對這十五首詩未感到滿意，這是當然，經典未出之前，詩人都不會感到滿意，這樣才有進步空間。

但第一輯作品也大多輕快、爽朗且詩意典雅。以輯名的「遊者小記」寫山水遊覽心得，「攬一匹瀑布／沐一宇浩風／踩陷了許多山巔／取一曠平原在我足前」，平實表述，「踩陷」和「取一曠平原」就有豪邁之氣，接著總想、總想……是一種精神世界的擴張，因爲真實世界中得不到，只好到詩的國度去獲得，也是一種滿足。最後詩人以詩國統治者的身份說「現刻／我在豪笑中朗聲宣告／放眼的世界屬於我／我屬於狷狂」。（註二）此刻，我是「寡人」，只有寡人能有這種口氣，所要彰顯的只是一種狷介、孤高的情境。若從人與環境關係來分析，一信不少作品都呈現「人在異鄉爲異客」的孤獨，這是那個時代多數來台詩人的共同情境。

再如「春天的黃昏」末段「路的另端／釀了一宇宙清癯／流浪人的眼睛和杯／懷鄉而孤獨」。（註三）本來漫步在春天的黃昏是很浪漫的，但「境、相」隨心轉，換成流浪者的悽美。就當時台灣政局而言，來台老兵仍有一絲絲可以回故鄉的期望，或在希望和絕望的灰色地帶中，日夜咀嚼並反芻「寂寞」。（註四）

獸般地，蹲著

以大眼瞪我
張著大口
　嘲弄我！
　欲吞沒我

而我狂笑
傲立於牠的嘴邊
以不屑的逗引

相峙間
驀然覺悟
牠與我竟是
　一對孿生的兄弟

一般寂寞可以享受，很寂寞有利創作，但「絕對寂寞」是會要命的。作家三毛的自殺，按我的研究，剖解心理，就是人到了絕對寂寞的境地。她被讀者「神格化」了，一人在孤峰絕頂之上，她下不來了（回歸正常人、正常生活、正常交友）。但她終究是人，吃五穀雜糧，她想要成爲普通「人」，終不可得，世界剩她一人，活著無趣，只好自殺。同樣也被讀者「神格化」的林清玄並未自殺，他享受當一個普通人的樂趣，但他因外遇事件卻被讀者「判死刑」，只好封筆，退出文壇很久，近幾年他又不動聲色的想重出江湖。

一信的寂寞大約在「很寂寞」的程度，故如「寂寞」詩「獸」的意象，雖欲吞沒人，終究能與獸共舞，與「病」同在，甚至成爲一對孿生兄弟，享受寂寞，詩寫寂寞，這須要修煉到某一境界，否則做不到。

「金山狩獵」是一首組詩，有狩夜、狩浪、狩伴三個小短詩組成，文題的跳接很有趣，亦有詩味。通常狩獵指用工具捕取鳥獸（獵物），但文中獵物是夜、浪和伴，也是一種創新、試讀「狩夜」。（註五）

筆也忘卻往昔的時間

許多人陪伴著自己
在風梢狩獵夜
在海邊狩獵夜

灑脫如風，於海上啜夜
灑脫如海，在夜中飲風
而我就夜、風中、海上
卸下自己

採浪花宴靈
挽雨絲攬心停泊
揚臂仰立，放聲呼嘯
長年流浪的我竟不識流浪了……

一個人必定是太寂寞了，才會去狩「夜」，捕取整個「夜」要做啥？或許睡不著，無聊，想家，想馬子……原因很多，啜夜、飲風、採浪花宴靈等只是用詩語言表達。本質上仍是身處苦悶年代的孤獨感所致，因持續太久，最後卻流浪竟不識流浪了。

二、酗夜的人、流浪漢、忘鄉人

這本詩集之所以命名「時間」，基本上詩人不僅對時間敏感，而且每天在苦熬時間、磨時間，並思索「殺」時間之道，以期戰勝時間，幾乎在每一首詩可以聞到這種味道，可以感受到這種情境，我還能聽到《時間》的不少詩作靈魂深處在吶喊。

「酗夜的人」，「酗」字用的新鮮，在一信詩中常有，最近還和李白「酗詩」，酗也有點詭異、可怕，算是很驚悚的用語。

在兩個山峰下的深谷裡
探測陰暗與潮濕的度數
那個人，酗夜酗得好駭人呀！

那個人在牀舖上堆積太陽

說寂寞是醇酒，越飲越喜愛
說孤獨是平穩的階，越爬越高超

那個人，用自己的血徹夜餵蛇
又用遺忘的齒輪把蛇輾碎

在那條路的盡頭
貓頭鷹也嘆息了（註六）

這首詩寫得有點愛倫坡恐怖小說中的恐怖感，一個人酗夜（或某物到極限）便失去理性，用自己的血徹夜餵蛇，夜被兩個山峰（黃昏和日出）擠壓，酗夜的人有受困的情境，惡性循環，愈酗愈兇，最後連夜行性動物貓頭鷹也嘆息了。這首詩要表達的只是一種氣氛，欣賞氣氛和情境，不必非要解析爲何用血餵蛇？輾碎蛇又指甚麼？因爲詩大多不是可以理性或邏輯可以解釋的。但用血把魔鬼養大了，又把牠輾碎，也是很矛盾，很詭異。「流浪漢」一詩仍在酗夜。（註七）

時間太粗糙，故事已焦黃
他　總是用思念焚燬今日

還是那個人糾纏夜
滿斟愁緒，狂飲茫然
以沉默酩酊孤獨
　眸子好沉，眸光好冷呀！

踩不熄流浪
看不清歸程

……

蛇游的小徑　虎奔的大山
那個人　淒涼越過
　越以匆匆

「思念焚燬今日」「踩不熄流浪」，不僅是新的詩構句，也是很能感動人的情境，而「糾纏夜」有很多想像空間，可以是努力創作，可以和朋友拼酒。流浪漢並非一定是街頭流浪漢，最廣義的流浪漢是每個人都在三世流轉，在六道輪迴。此處的流浪漢多半是詩人自己，「踩不熄流浪／看不清歸程」，當時各級學校、各界人們，還在高唱「反攻！反攻！反攻大陸去」的歌，但何時回去？可能只在每個夜的夢中，這時代的詩人有無數個難熬的夜。

研究歷史文化和人類生活變遷的學者，常說「他鄉住久了就是故鄉」，這是事實，他鄉遲早成故鄉。這雖不得已使然，久了也就習慣。若再娶妻生子，便是落地生根，他鄉變故鄉之「運作」完成。「忘鄉人」一詩寫這個過程，可視為許多「見證歷史」的詩寫記錄。（註八）

在情感與情感的中間
惟金錢可以測出距離
在笑與笑之間

惟利害可以辨別真偽
把昨日置放在遺忘裡
將明日撒種在茫然中
把宗譜穿在腳上
將家族披在身上

呵！墾吧！墾生活的忘鄉人
冷面壘成的高牆
犬齒築成的欄柵
刀光鋪成的路，高呼著
歡迎你
自你故鄉來的忘鄉人
自你母親奶頭上來的
　不需再吃奶的忘鄉人

忘鄉人有鄉了
他的鄉，在
踏沒了的自尊的殘骸上
忘鄉人有家了
他的家，在
　千萬種不同的面具笑中
墾吧！墾生活的忘鄉人

欣賞這首詩的情境，如同重溫我的父輩流浪來台的歷史故事，來台後從希望、期待到絕望，接下來的適應、成家、打拼、落地生根，使「他鄉變故鄉」。

詩一開頭進入適應期「在情感與情感的中間……把昨日置放在遺忘裡」。即然回不去，就得準備定下來，不得已的辦法，故說「將明日撒種在茫然中」，本不能沒有，根不忘記，宗譜穿在腳上，家族披在身上，開始打拼，墾吧！墾生活的忘鄉人。

「冷面壘成的高牆／犬齒築成的欄柵」是余光中贊美過的意象鮮活，這是詩語言，用白話說出真相是「外省人在這裡打拼有很多障礙」，因爲你是「外人」。打拼很辛苦，但努力有成果，只要有個家就一切都值得。

三、向南方種植笑・初晤・愛情

《時間》第三輯「向南方種植笑」，詩名也是輯名，全輯八首詩，大多是情詩（愛情、回憶、悵、初晤、情感的迴音、向南方種植笑）。賞讀爲一信帶來幸福美滿婚姻又有重要歷史意義和價值的詩，「向南方種植笑」。

向南、距離阡陌著距離
　　距離攀著距離
南方之南
夢土上　種植我
確存在那夢土上
不是遙遠的幻

只悄悄地　用朦朧
　種植自己

你為何輕笑
三月，風也老是輕笑
我就是要乘著這輕笑去南方
　　　去南方之南
去看彩虹，也去看一個輕輕的笑

昨日午夜
憂鬱的跫音已沓
我遠瞞　向終南
啊！也不禁輕輕地笑了（註九）

這首詩讀來輕快、活潑，充滿愛情的含蓄甜美，「種植我」讓人聯想到詩人要到南方「播種」，而整個情境就像一個英俊的白馬王子，從遙遠的北方要到南方去會心愛的情人。實際上當時一信在台北，每週到台南會「馬子」確實辛苦，詩人把情境寫的浪漫，是能感動人的詩。

　　這首詩的女主角當然就是一信「種植」的對象，這個半世紀前的陳年往事（詩的背景），作家宋雅姿曾訪問一信先生，寫一篇「簡史」發表在二〇〇三年的《文訊雜誌》。（註一〇）按該文所述，一信原本有一位很要好的女友，因女方父親極力反對而不得不忍痛分手。失魂落魄的他，利用周末到台南找綠蒂，得知以前曾在畫家吳長愷府上見過一面的印尼僑生鄧容全小姐，正住在師大畢業後正在台南教書的姊姊家，綠蒂就替他打電話約鄧小姐出來，當場脫口說：「你們兩個結婚算了！」才第二次見面，她不置可否，一信說：「我什麼都沒準備。」綠蒂二話不說，騎上機車去買來訂婚戒指、證書，刻了圖章，一手包辦，爲他倆訂下了終身。三個月後他們結婚了，這年是一九六六年。

　　傳奇啊！傳奇！只能說前世的因緣。這首詩寫情人之間的「笑意」寫得美極了，談過戀愛的人都知道「一笑值千金」，一個輕笑就能「除一切苦、真實不虛」，比誦《心經》管用，我敢說所有詩人一定詩寫過情人的笑。一信和綠蒂有半世紀多的交誼，在「寄綠蒂」一詩有這樣的心靈交流。（註一一）

綠蒂，你說那是為的什麼？
野火焚過，野風拂過
莽莽的荒原上
你真的刻意要種植那多刺的玫瑰嗎？
　種植那叫歌德也哭泣的玫瑰嗎？
唉！風的速度你總是不肯去測量
……
綠蒂，新生南路的酸梅湯
不會在甜與酸之間另有滋味吧？

「寄綠蒂」部份選段

這是詩人之間的心靈交流，至於那多刺的玫瑰是誰？爲何叫歌德也哭泣？一定是某位女主角，可能也是一場戀情，其味非酸非甜。複雜、朦朧、不可測，有時戀愛就是這麼苦惱，只是過程的刺激、浪漫吸引人。這輯的「初晤」一詩，引起詩壇兩位重要詩人，

余光中和涂靜怡不同的評價，先賞閱「初晤」。（註一二）

多風砂的人生道上
我們相逢
在機緣之窄橋上

剎那確能雕塑永恆
我的心版
已被你羞澀的笑，鐫刻上
　不滅的惦念
永新之回憶

時間恆長，空間永闊

而我驀然驚異，因何

我生命的碧空
眾星殞落
　　獨你光輝似一輪皎月

這是一首情詩，寫驀然相遇的感受，一見鍾情，刹那就成永恆，永新之回憶。她，把眾星星都比下去了，盡失顏色，獨她光輝似一輪皎月，正是所謂情人眼裡出西施；而其他的眾星，儘管也要東施效顰，亦產生不了作用，乃殞落。

余光中先生在《時間》讀後所寫的評文說，用具體以抽象的斧鑿痕迹，有時太顯著了一些，太過一板一眼，不夠圓融等，他舉「初晤」爲例說：（註13）

多風砂的人生道上
我們相逢
在機緣之窄橋上

像這樣一陽一陰，一表一裡的「隱喻」法——「人生」爲裡，「風砂道」爲表；「機緣」爲裡，「窄橋」爲表，未免過份規則化，也太明朗了。而起句終於「道上」，結句也終於「橋上」也似乎太單調了些。如果能把其中的抽象名詞抽去一個，並稍稍重排字句如：

風砂如霧，人生如途
竟而我們相逢
在這樣狹窄的小橋

這樣就能免於前述諸病了。不過，這樣一來，又未免有點像余光中的句子了，希望一信能寫出完全「像一信」的詩。以上是余光中先生對「初晤」這首詩的修正意見，他是「學院式」大詩人，所述應有一番道理。

但另一位也是詩壇上重要詩人，我所敬愛的《秋水》詩刊主編涂靜怡女士，對余光中的修改有不同的看法。她認爲一信先生的表現雖然不很理想，但那仍然是詩的表現，改成像余光中先生的**「風砂如霧，人生如途；竟而我們相逢，在這樣狹窄的小橋。」**不但不是詩，連散文也不是好的散步了。因爲無論是用字，無論是句法，都有一點陳腐的氣味，境界也不同了。

「初晤」的情和境都表現得深刻真切，卻不很容易。如果照余光中的寫法，成了一首平庸和俗不可耐的詩。「我生命的碧空，眾星殞落，獨你光輝似一輪皎月。」豈僅是表現得確切真摯，而且也不露痕跡。（註一四）

以上是當代享譽兩岸詩壇的兩位詩人，對一信「初晤」這首詩完全兩極的不同見解。余光中代表學院派的「知識份子詩寫」，涂靜怡代表非學院派的「民間詩人詩寫」。基本上是「兩者各表」，我對於詩，並無高深學術基礎，只是個人興趣所致，我亦難以斷定誰較高明，惟我直觀和經驗，修改成余光中那樣，讀起來確實像散文。

《時間》第三輯寫的盡是愛情，這時的一信定是沐浴在愛的春風中，快樂的不得了，「樂不思蜀」了，反不反攻大陸更是他家的事。「愛情」我認為是本輯最好的情詩，共賞之。（註一五）

如一曇花
遽然綻放於
我似夜的寂寞心野

曇花，乃深夜中的火種
點燃一盞久不燃的古燈

速來的萎謝
乃驟起之疾風
是一個狂笑漢子口中
恣意吹出的

深夜
銀河有覆舟的消息
——我是舟上唯一的乘客

用「曇花」、「遽然綻放」、「深夜中的火種」、「不燃的古燈」、「疾風」、「覆舟」是詩中重要意象，鮮明靈動，諸意象再共同構成完整的意境。尤以末三行涵富無邊的想像力，用來意指愛情，很貼切，通常愛情只存在婚前，只要一結婚愛情就「覆舟」了，故有「結婚是愛情的墳墓」之說。朋友！你想葬送愛情嗎？就結婚吧！

最近（二〇一三年春）一信告訴詩友，說他到鬼門關走了一回，這想必也是時間害的。他在《時間》詩集自序說，「時間」是猥賤的，它以千萬種不同的面貌來支解我們，而我們也同樣猥賤，不僅接受時間支解，還頹廢去曲就時間，成了等待死亡的活死人。

我們到底要怎樣「脫困」，不要成爲活死人。向一信學習，用創作擊敗時間，好的創作就能否定時間，而時間卻無能否定好的創作。鵠的也許太高，但我們爲了真實地活著，必須努力戰勝時間。

註　釋：

註　一：孟瑤，《中國文學史》（台北：大中國圖書公司，民國八十二年六月，第四版），頁八八。

註　二：一信，《時間》（台北：中國青年詩人聯誼會，民國五十六年十月），頁一一一一二。

註　三：同註二，頁一五一一六。

註　四：同註二，頁一七一一八。

註　五：同註二，頁二〇一二一。

註　六：同註二，頁四五。

註　七：同註二，頁四八—四九。

註　八：同註二，頁五十—五二。

註　九：「向南方種植笑」一詩，除收在《時間》詩集。另在《葡萄園》詩刊第一八九期，二〇一一年春季號的封底內頁「一信懷舊詩情寫真」。配合三代同堂全家福、四十三年前與鄧容全小姐的結婚照，並簡述詩寫戀愛經過等，一併刊出，傳爲詩壇佳話。

註一〇：宋雅姿，「耿介的牧野漢子：訪問一信先生」《文訊雜誌》二〇〇三年八月，頁九五—九九。

註一一：「寄綠蒂」全詩，見註二，頁二六—二九，是一首兩節三十六行的詩。

註一二：同註二，頁七八—七九。

註一三：余光中，《時間》讀後，同註二，頁五—七。

註一四：涂靜怡，「一信的詩路」，寫於民國六十七年九月廿五日，刊載《秋水》詩刊，第二十集，全文約三千多字，對一信其他的詩多所賞評。

註一五：同註二，頁八四—八五。

第五章　《牧野的漢子》：長翅膀的詩（上）

我說「長翅膀的詩」，這種構句是有爭議的，因爲神思（想像）本來就是詩的翅膀；反之，可以說「不長翅膀的詩不是詩」。吾以目前詩壇上的詩多如恆河沙，其實很多是不長翅膀的。換言之，欣賞一首詩看有沒有長翅膀，是很重要的「入口」。

但讀任何詩作也有很多「切面」，可以進入詩人的世界。（按：廣義的詩，包含我國從詩經開始，楚辭、漢賦、樂府、唐詩、宋詞、元曲，含其流派，到現在的新詩，都可稱之詩。）例如言志、意象、意境、神韻、詩興、神思、妙悟，乃至唐末司空圖《二十四詩品》等。（註一）可以說一首詩長很多翅膀。

雖說從一個切面進入一首詩，但一個切面通常不能完全欣賞或論述一首詩。例如本章從「神思」（想像力、創造力）這個「入口」，讀一信《牧野的漢子》詩集，而每一首詩仍涉及意象、意境、含蓄……等諸多層面之內涵。就算同一首詩，也可能長了翅膀，又有「含蓄」與「豪放」這種對立並統一的情境，端看詩人之功力，如一信「擎自己如一面旗」有這樣的詩句，「揮霍功利於狷介／匿狂傲在謙和中」。（註二）這是想像力、是含蓄、是豪放，也是創新（詞句創新、意涵創新）。

這章從神思論入口，賞讀《牧野的漢子》各詩作，一信的詩從年青到老，絕大多數長了翅膀，本文不過隨機選取做爲賞析之文本。

一、神思論（想像力、創造力）淺說

神思此一概念用於文藝理論，是劉勰所創造。他在《文心雕龍》中爲「神思」下了一個界定：「形在江海之上，心存魏闕之下，神思之謂也。」當代學者研究並詮釋之，藝術想像和神思內涵比較接近，並稱神思論爲我國古典詩學中的藝術想像論，分三個子內涵淺述。（註三）用現代術語說，神思就是想像力，包含創造、創意、創新都是重要內涵。

第一、神思是主觀之神的遨遊：詩人常言「想像力是一支可以點石成金的魔棒」，真的！看古今中外最好的文學作品如《哈力波特》、《西遊記》、《封神榜》等，無不充滿豐富的想像力。

詩歌亦然，想像是詩的翅膀，要有豐富的藝術想像，詩歌才會神采飛揚。發揮想像力，人的思想才能有最徹底的「解放」，進而產生自覺性、自由性及其他神妙並屬於詩人自己的獨特性。故劉勰在《文心雕龍》說：

> 文之思也，其神遠矣。故寂然凝慮，思接千載；悄焉動容，視通萬里；吟咏之間，吐納珠玉之聲；眉睫之前，卷舒風雲之色；其思理之致乎？……夫神思方運，萬塗競萌，規矩虛位，刻鏤無形。登山則情滿於山，觀海則意溢於海，我才多少，將與風雲而並驅矣。（註四）

驅動想像力，神思馳騁於神仙諸界，可往來冥府二十八重天宮，超越時間和空間的限制，若李白之詩「言出天地外、思出鬼神表」；又若阮籍之詩「言在耳目之內、情寄八荒之表」。這也是司空圖詩品「超詣」，造詣超凡是也。（註五）即神思又超詣，詩不長很多翅膀也難。

第二、神思的審美創造本質：想像，是藝術家創造力的最高表現，是詩人才能最重要的特徵之一，高度發揮想像力是詩人的一頂最高榮譽「冠冕」。是故，從本質上說，想像就是一種藝術創造；想像的過程是心靈的活動，這種活動雖是對外界客觀物象的體悟，最終「主客合一」，成爲審美意象，但這種意象並非客觀物象的模仿或鏡子式的反映，而是心靈創造出來，「另一個嶄新的世界」。

舉白居易「琵琶行」爲列說明，**「大弦嘈嘈如急雨，小弦切切如私語。嘈嘈切切錯雜彈，大珠小珠落玉盤……」** 相信凡是讀過幾天中國書的人，都讀過「琵琶行」。「急雨」、「私語」、「珠落玉盤」……通過這些形象語，其聲可聞，其狀若睹的想像，引你進入一個新的境界，得到視覺、聽覺的滿足。

神思作爲藝術想像，其過程是創造性的審美，表現於「新」和「奇」兩個特徵，新在突破前人窠臼，發人所未發；奇則爲新的表現形式，最能體現想像力創造性的本質。

第三、神思的感情色彩與形象特徵： 前述劉勰所說「登山則情滿於山，觀海則意溢於海」，即表示神思離不開形象（表象）和情感兩個基本要素，藝術想像二者不可或缺，想像始終乘著鮮明的形象而鼓翼而飛的。

想像離開了「物」或「形象」便寸步難行，這是藝術想像與抽象思維最基本的區別。只是這裡的「物、形象」並非指客之物，而是現代心理學中的「表象」，即人們在腦海中所記憶客觀事物的形象，一般稱「內在圖式」。（註六）

內在圖式（形象、表象）平時庫存於腦際，不為所動，當想像力啓動「神思方運、萬塗競萌」，就會「一一觸類而起」，這個啓動的「關鍵程式」是情感活動，情感和形象膠融，神思一發而不可收拾了！

王夫之在《古詩評選》說：「詩之所至，情無不至，情之所至，詩以之至」。（註七）情感和形象在想像力中不可須臾分離，但情感有主導作用。畢竟，抽離情感，詩剩空無。本文按以上三個內涵標準，賞析一信《牧野的漢子》詩集的想像力經營概況。

㈠神思是主觀之神的遨遊：想像力發揮的程度。

㈡神思的審美創造本質：創造一個新與奇的新世界。

㈢神思的感情色彩與形象性特徵：感情和形象膠融後，情感的發展昇華程度。

二、「擎自己如一面旗」及其他翅膀

第二本詩集《時間》出版後，隔了廿二年一信才出版這本《牧野的漢子》，各種原因就不去追究了。此時一信也五十八歲，人生已算走過大半，感慨特多。所以在詩集第一輯「擎自己如一面旗」的廿七首詩，都是自己半生回憶的意象表達，連那些看似客觀之物的「柏油路」、「路燈」、「防風林」等，都是借物隱喻，也要有相當想像力才行。

賞讀「擎自己如一面旗」。（註八）

揮霍功利於狷介
匿狂傲在謙和中
擎自己如一面旗
在志節的高峰上招展

風雲中抖落寒冷
不在意於雨及烈日下褪色
招展，仍自我不息地招展

天下的旗有很多種顏色
而我的旗
永不是白色，永不是紅色
永不是黃色，永不是灰色

是藍色，與蒼天同色

這首詩發揮的想像力雖未馳騁到多麼寬廣！但給讀者創造一幅鮮明突出的圖畫，一面與眾不同的旗子在志節的高峰上，招展了五十八年，能成爲「一面旗子」要謙和也難，所以「匿狂傲在謙和中」，這是一面有特色的旗。詩的形象是旗，感情的發揮是否與物（形象）膠融？「在志節的高峰上招展／／風雪中抖落寒冷」，顯然情與物已融爲一個有機整體，情即物，物即情，已然就有了境界。「牧野的漢子」較有動感，想像力較好發揮。

我是牧野的漢子
山巔狩風月
海上採浪花
揚臂傲立　放聲呼嘯　在
　　　花之上
　　雲之上

放誕之上

牧山的崎嶇與驃悍
驅激動的海與我同狂蕩
不拘於風雨　不羈於路
我是　牧野的漢子

執遨遊之鞭　逐山川
　於欣喜的指顧
我有筆　展揮如翼
　常凌風而行
兩眸之內　瞳光乃氫
逼視一世界的風化
而我　牧野的漢子

風化中的風（註九）

這首詩的想像力主要在創新上，語言的新、情與物連結的新，如「狩風月、採浪花、牧山的崎嶇、驅激動的海與我同狂蕩、凌風而行」等句，除了語言上的新奇，想像力也發揮的很徹底。讓讀者看見一幅自然的畫像，更像一幅動畫，一個漢子在牧野、牧山、凌風而行……

一信的詩強調想像力、含蓄、創新等特質，在當代詩人中是得到公認的，是與眾不同的。詩人落蒂在「深情自有一山川：讀一信詩作有感」一文最後說，「我這寫詩的一輩子，總認為只有兩個詩人截然與眾不同。一個是我的老師覃子豪先生，一個是我的同學古丁……一信應該也可以列入向明先生所說『有與眾不同』的行列中。」（註一〇）一信在我心中，雖然距「高峰」還有一段路，但確實是一位可敬、有特色的詩人。在這一輯另一首詩「白色撲來」，我認為除了高度想像力外，其意象驚悚，給讀者呈現一幅「驚悚空靈的世界」，閱之心跳加速。

歲月之雪撲下

撲向兩鬢
撲向兩鬢而兩鬢斑白

撲向心，心悚然
　心淒然落淵萬丈
撲向時間，時間仰面而悲戚
　　俯首而落寞
撲向精力，精力衰敗而頹廢

血染不紅的白
氣衝不掉的白
白，撲我圍我困我
　壓向我威脅我逼迫我扼殺我
以一種慘白之白

白，撲向回憶撲向嘆息
白，撲向不斷或即斷之來日
——以一種慘白慘白之白 （註一一）

這首詩融合各種創造力，神思奇異，我認爲是本輯最合想像力三標準的力作。詩中「白色」是時間、歲月的意象化，但「撲」來很驚恐，如黑白無常來要人了。大師級作家墨人先生在詩集的序說，「一信間接受法國象徵派再傳詩人的影響較多，在意象創造力方面用力頗深。」（註一二）本輯他詩如「火車」、「江湖行」等都在詩壇得到好評，「我」一詩也深值欣賞，謙虛、詼諧、自我嘲謔，乃至無常、緣起性空都能詮釋之。（註一三）

閑著時是一隻老鐘
忙著時是一輛被拖著跑的舊車
在辦公室是一支用禿的筆
在家裡是一個裝飯的碗

其實，我什麼都不是
只是在空中無端飄下的
千萬片雪花中的一片
即溶的雪

「在家裡是一個裝飯的碗」，叫人噴飯，這是發揮想像力加幽默感才有的詩語言。而幽默感和一信的赤子之心有關，一個人沒有赤子之心，也幽默不起來。全詩也是人生過程無奈的意象化，結尾「即溶的雪」表示人生的短暫和平凡。

三、「騰昇的愛情」及其他翅膀

一信也是一個多情種，多情的詩人，所以他的想像力也常發揮在浪漫美麗的詩篇，讓情詩也長出翅膀。女詩人涂靜怡賞析一信的詩路說，「一信先生似乎偏愛柔美，他的詩，和他選的那些攝影佳作一樣，是比較傾向於柔美的。他的情詩寫的很好。」（註一四）詩人麥穗也特愛本輯，他在一篇評文說，「騰昇的愛情」是我較喜歡的一輯，因爲

這輯詩寫得極爲纏綿和哀怨。如一個沒有結局的愛情故事，甜中帶酸，樂中有哀。幾乎每一首都可編入最佳情詩選集。（註一五）

「騰昇的愛情」一輯有詩十首，確實如麥穗所言，每一首都能編入最佳情詩選，我以爲情詩難在能「打動芳心」，但過於泛情也不好，還是要有高度想像力，賞讀「綣繾諸貌。」（註一六）

情意如河水之柔
眼波上
每一瞬都有我的愛之語言

夜的眼睫，把黃昏闇暗，我
嗅夜來香的芬芳
自艷艷的兩瓣花上，
吮吸菓汁的甜美
自柔柔的兩瓣花上，我

沐浴戀的愉暢
自軟軟的兩瓣花上

醺醉於妳淺淺的嗔
我植愛憐在你的頰上
而總怯於鬆開環抱的手
一如不敢洩水銀於地

伸展的夜，極目千里
於蒼茫的悠悠中
唉，我怎能伸手握住一絲存在
開端了什麼
　是幸福的幽徑？抑是痛苦的窄門？
讓我把感銘之軸展開

繪下甜甜的纏綣
以我從不輕流的淚
描出春蠶與蠟炬的風貌

五段廿三行的情詩，寫得很艷麗，一幅有情人有愛有性的圖畫。第一段從靈魂之窗開始。愛的語言在眼波。中間兩段是情意纏綿的過程，夜來香、兩瓣花、菓汁都是含蓄、比喻用法，第四段沈思質問這條感情路走下去，是幸福還是痛苦。最後詩人做了結論，要學李商隱「春蠶到死絲方盡，蠟炬成灰淚始乾」，要爲這個女人負責到底，爲感情負全責，只要一息尚存，此志不容稍懈。

這首詩給讀者的感受，並非空靈造境，而是詩人的經驗實證，重點不在想像力的發揮（當然用詩語言表達愛的過程仍要少許想像力），比較深刻的應該是愛的膠融，感情的昇華。「春蠶」和「蠟炬」兩個意象是有力的結尾，完成一幅「幸福美滿圖像」。賞閱另一首「水的愛情回憶」。（註一七）

柔過一條河的

水　旋渦著　回憶

昔日　有風漾起波
波　被柔在
　　　　　嗔裡　笑裡

昔日　有風揚起濤
濤　繾綣於風　繾綣於浪
　　繾綣於　無法抑止的泛濫

昔日　水戀花　花投水
花水相聚而不能凝結
水嗚咽地流　水流得嗚咽

水　終歸海　終成雲

我終不知自己回憶的是愛是悲

女詩人涂靜怡評這首詩，認爲風格和境界都不同往昔了。節奏明快，富於變化，我們常把柔情比作水，但一信藉這個比喻，用到有關「情」的回憶上來，既新又好的表現。「柔過一條河的水」，這「情」柔得既深且多，又壯闊。但這是過去的情，作者要寫的是回憶，這回憶不是一般的柔情，而是一條河的柔情，只有河的柔情，壯闊的柔情，深而多的柔情，才能夠「游渦著」。在這裡，「游渦著」是神來之筆，把柔情與回憶寫到這樣高妙，實在是令人激賞。（註一八）

這首詩在想像力的驅動上，用了各種客觀之「物」，包含「一條河、風漾起波、風揚起濤、浪、水戀花」等，藉這些物之形象表達情意，「水嗚咽地流／水流得嗚咽」的增強效果，就叫人更加感傷了！

深入理解「騰昇的愛情」等各詩作，一信的情詩寫得深情纏綿的程度，確有李商隱的影子。李商隱向以情緻纏綿，寄託遙深見稱，詩是詩人心靈的投影，假不了的，沒有深情的人怎能寫出如此悲涼、柔美的情詩。而就時代大環境對詩人也是有影響的，李商隱生於晚唐，李氏政權已日薄崦嵫；一信前面例舉兩首情詩大約寫於民國六〇年代，也仍是苦悶、看不到國家前途的年代。把一信「春蠶」和「蠟炬」兩個意象，再完整回到李商隱是：

> 相見時難別亦難，東風無力百花殘，春蠶到死絲方盡，蠟炬成灰淚始乾。曉鏡但愁雲鬢改，夜吟應覺月光寒，蓬山此去無多路，青鳥殷勤為探看。

註釋：

註一：司空圖《二十四詩品》爲：雄渾、冲淡、纖穠、沈著、高古、典雅、洗鍊、勁健、綺麗、自然、含蓄、豪放、精神、縝密、疎野、清奇、委曲、實境、悲慨、形容、超詣、飄逸、曠達、流動。可詳見：蕭水順，《從鍾嶸詩品到司空詩品》（台北：文史哲出版社，民國八十二年十月），上編第七章及下篇各章。

註二：一信，《牧野的漢子》（台北：傳燈出版社，民國七十九年元月），頁一五。

註三：神思論的介紹詳見，陳慶輝，《中國詩學》（台北：文史哲出版社，民國八十三年十二月），第七章。

註四：同註三，頁二二九。

註五：同註一書，頁一二二五。

註 六：同註三書，頁二四八—二四九。

註 七：同註三書，頁二四九—二五〇。

註 八：同註二，頁一五。

註 九：同註二，頁一六—一七。

註一〇：落蒂，「深情自有一山川：讀一信詩作有感」，台灣時報副刊，91年2月18日。

註一一：同註二，頁三八—三九。

註一二：同註二，頁七。

註一三：同註二，頁四〇。

註一四：涂靜怡，「一信的詩路」，《秋水詩刊》第20期，「怡園詩話」。

註一五：麥穗，「滿載情感的歌：寫在一信詩集《牧野的漢子》出版」，台灣立報，民國七十九年元月廿三日，該文也收錄在一信本詩集之後。

註一六：同註二，頁五八—五九。

註一七：同註二，頁六五。

註一八：同註一四，涂靜怡這篇評文也收錄在《牧野的漢子》詩集之後。

第六章《牧野的漢子》：長翅膀的詩（下）

詩人麥穗讀完《牧野的漢子》第三輯後，認爲一信以不同的風貌展示，如春、夏、秋、冬中對時序的描述，「老僧垂目」中的禪味，「石頭」序列的哲理，「這時代」和「盲」中的批判等，詩語言和技巧都呈現出千錘百鍊的痕跡。（註一）我回顧一信從「文藝函授班」受教覃子豪、墨人等大師後，至今也三十多年了，此期間不論詩作寫多寫少，卻從未離開過詩，經過三十多年的煅鍊，一信的詩呈現多樣貌風格。對一信詩作很有研究也是詩人、詩評家的落蒂，認爲一信的詩可以從各種角度切入分析，不論寫作技巧、特色、精神內涵、語言運用、小說戲劇情節的融入等等，均可以專章討論。（註二）

回到這兩章我從想像力這雙翅膀賞析一信詩作，我始終認爲作家想像力能否充份發揮，和他個人的赤子心、幽默感、創新精神都有直接關係，三月詩會「創黨元老」王幻，就稱一信「這個卡通人物」，真是貼切。（註三）有卡通人物的特質的詩人，發揮想像力幾可說是他與生具有的本能，至於能發揮到何種水平呢？那純是後天用功和修煉了！

一、「懷念」的翅膀，兼懷念左曙萍和古丁

《牧野的漢子》第三輯「感懷」各詩，都有想像力很好的佳句，「春」一詩「花以一種嗔啐之姿／撩艷了愛鬧的枝頭／／是我的情人」；寫「夏」則「夏揮霍陽光、無人惜春」；說「秋」是「像一隻孤鴻　竚立峰頂上／飲風」。而「冬」更比春夏秋長出更多翅膀，飛成「如荒陲無信徒膜拜的古廟／穆然傲立／無香火的神祇」，這種想像力使意象活了起來，靈動起來！（註四）石頭序列詩作的想像力正如王幻所說的，卡通的、幽默的，品賞「石頭」：

被視為沒有用而且硬
硬得誰也不願碰

也許　有些用
例如墊地基築路

供人踩踏
供車駛輾
但這也要機遇啊！
有時也被用作築廁所
因之乃又硬又臭（註五）

像這樣想像力空間寬廣又幽默的詩作，帶給讀者的感受已超越了一顆石頭，有無數可能，意象鮮明，形象和具象都因擬人化的想像而有故事效果。其實《西遊記》和《紅樓夢》的源頭，也不過從一顆鮮活的石頭開始的。

「感懷」這輯有懷念左曙萍和古丁兩位先生作品，這兩首並非想像力之代表作，純是對可敬的朋友之懷念。正好這二位前輩也是我最敬重的文壇詩界大家，深感無論如何該有他們「立足的空間」，而不是兩句話略過，首先賞閱「好一個中國奇男子：敬悼左曙萍先生」。（註六）

從文襄公脈管中，傳過

文采和武略
邊疆揚名，塞外談兵
政界折衝，文壇吟詩
好啊！好一個中國奇男子

左大哥，你（註）
在詩之國度
撐著傳統的大旗
領引著我們走向現代

唾棄玄虛之故弄
揚棄潛意識於晦澀
摒棄狹窄的小鄉土觀
您，揮著民族文化的大旗
領我們高吟大漢之天聲

左大哥，您走了
走向一種令人仰視的高華風範
走入一本史冊中最感人的一頁

註：左先生爲我儕之前輩，惟非常謙虛，堅要我等稱爲左大哥，恭敬不如從命，故我等均以左大哥敬稱。

一信所敬重並提詩懷念的左大哥，在民國七十一年「葡萄園創刊二十週年酒會」，曾蒞臨參加並致詞，時任中華民國新詩學會值年常務理事，簽名簿和致詞均刊在《葡萄園》詩刊第八十一期，重引部份爲紀念。（註七）

左曙萍的致詞說到一些詩壇往事，王在軍和我（左老）是軍校同學，當年曾以「丘八詩

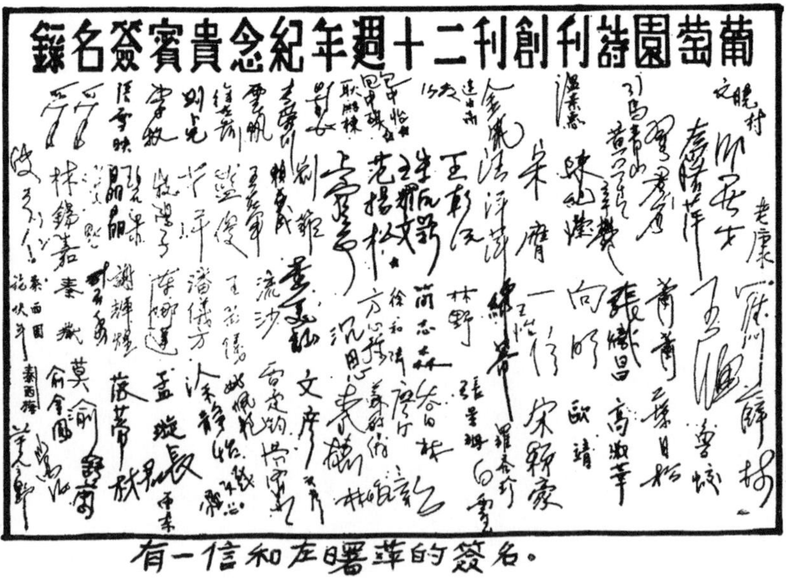

有一信和左曙萍的簽名。

永遠珍惜這份光榮

左曙萍

今天是葡萄園詩社創刊二十週年，大家都很高興，但最高興的，恐怕應該是我了。因爲葡萄園成立的那天，我就在場而且參與其盛。更難得的是，在軍先生和我，是軍校同學，當年，我們曾以「丘八詩人」的身份搞着詩的活動。離開軍營後，在軍先生不但辦了葡萄園，而且還創辦了「企業家雜誌」，一個武夫，能做好文人的事，眞是非常難得。

辦詩刊，不容易。葡萄園詩刊之能有今天這個屹立不倒的姿勢，除了王在軍、李佩徵兩位先生以及以前的陳敏華小姐等的經費支持外，文曉村老弟更是功不可沒，值得大家恭維。因爲自他接辦編輯以來，他總在那裏出汗出力。所以，當陳敏華小姐上次回國時，我曾告訴她說：「妳今天能够在國外以詩人身份活躍國際文壇和詩壇，主要是靠葡萄園。要是沒有葡萄園，妳一個人是沒有辦法的。因此，我希望葡萄園的每一位同仁，應永遠珍惜這份光榮，永遠爲葡萄園的繁茂盡心盡力。

左曙萍先生致詞後和方心豫閒談

今天，更高興的，是陳紀瀅先生也來了。記得詩人節時，我找了好久都沒有找到他，後來才知道他出國去了。

當時，我爲什麼一定要找他呢？因爲，詩人節是陳紀老當年在風雨飄搖的艱困時局中所創辦的，沒有陳紀老，就不會有詩人節。所以，在辦詩人節活動時，別人不來無所謂，找不到陳紀老就失色多了。在此還值得一提的，是中國文藝協會，這也是陳紀老一手促成的，因有了文協，才有了這些文藝社團。談到文協，談到新詩學會，學謙老弟（編者按：宋膺先生本名宋學謙）是服務犧牲最多，所受痛苦最深的一人。他今天也來爲葡萄園詩社慶祝，我覺得非常高興。

《葡萄園》詩刊第81期

人」搞詩活動，詩人節是陳紀瀅在風雨飄遙中創辦，中國文藝協會也是紀老一手促成，有了文協才有後來的許多文藝團體。再者，談到新詩學會，學謙老弟（宋膺先生本名宋學謙）服務犧牲最多，是受苦最深的人。

左曙萍先生提到這些文壇史話，現在（廿一世紀過十三年）還記得者不多了。我和一信同是中國文藝協會、新詩學會及三月詩會會員，我們更不應該忘記這些先賢們對當代中國文學界的諸種貢獻，一信提詩懷念頌揚，吾輩則應踏著先賢足跡努力爲文壇詩界再發揚光大；若不如此思索，豈不一代不如一代？

詩集的第三輯懷念的先賢，還有懷古丁、懷朱橋和懷屈原等作品。因古丁和一信爲同輩詩友，且古丁和現在台灣仍健在的詩人群有較密切關係，僅選賞讀「懷古丁」一詩。（註八）

你從那裡來？
你去了那裡？
天蒼地茫
你究竟在那裡？

朋友，我們曾同是一叢雲中的兩朵雲
　　我們曾同是一陣雨中的兩滴雨
際遇中聚，際遇中散……
而你，又遽然化成一掠風

朋友，
我們曾同聲歌唱
你、聲調高亢昂揚
我、低沉塞鬱
如今，你鏗鏘的聲音已成絕響
　　我亦已嘶啞難曲

朋友，
我們曾同被指為執拗

你已將執拗化成燈彩
　裝飾了生之燦爛
而我、我的執拗
已成了雨天街道上的一灘泥

古丁！古丁！
我們俱已躺下
你躺在清靜的泥土中
我，躺在茫然無奈中

台灣詩壇上的詩友，都知道古丁早已往生幾十年了，但詩友們也都感覺古丁仍然「聲調高亢昂揚」活著，他的精神、他的詩想，都仍活在他的高足，也是名重兩岸的女詩人涂靜怡的身上。當年古丁帶領著女弟子涂靜怡，一手創建的詩壇理想國《秋水》詩刊，在他走後的幾十年裡，不僅從難困環境中壯大，成爲兩岸最有特色的詩刊，上千大陸詩人在《秋水》發表過作品。在兩岸文化交流方面，涂靜怡也做出重大貢獻，數十年來她無數次帶團參訪大陸，也無數次在台灣接待大陸來訪詩人。凡此，古丁都會覺得不思議！不思議！有此女弟子遠勝得天下之寶物。

古丁的文學理念，涂靜怡已充份實踐；古丁創建的《秋水》，涂靜怡傾一生之一切經營數十年。古丁完全活在涂靜怡心中，並發揚光大，把古丁精神、理念，撒播在整個神州大地。中國幾千年來，有如此動人心弦之師生情誼否？未來也必將是詩壇上之傳奇性佳話！

一信和古丁不僅是同輩詩友，更有深厚私誼，詩懷故友。這首懷古丁詩雖未在想像力上盡情發揮，詩也仍長了翅膀，「一叢雲中的兩朵雲、一陣雨中的兩滴雨，將執拗化成燈彩、裝飾了生之燦爛」等，這些翅膀讓一首詩更美麗。

第三輯詩作大多有豐富的想像力，再如「交通」一詩「任脈管裡循環敗血……把癢處挖痛／把痛處擠破」；「這時代」詩中「女人的每寸皮膚都叫囂著裸／少年人被掛在『問題』的吊繩上」。這些都是神來之筆，只有豐富的想像力才能這樣「玩」中國的方塊字。

二、時代的迴響：啊！中國，你在那裡？

《牧野的漢子》詩集第四輯「時代的迴響」，有詩五首：崇敬您中華文化、秋海棠葉、指南車、時代的迴響和橋。本質上，都屬於對祖國中國、本民族中華民族，對自己的血緣脈源炎黃子孫，有強烈認同的中國人之感懷，一種直誠內心的頌揚。如此深刻的詩寫，通常是很早離開「母親」的遊子，一信正是這種「少小離家老大回」，且又在「劣馬上衝鋒」的這一代（一信詩句），對母親（祖國、民族）才有強烈的渴望。只是這種渴望的程度，一信那輩和我這輩（我小一信二十歲、約同他的子女輩）不同；一信青少年已在大陸，來台時已十七歲，他對大陸會有朝思暮想的渴望，至少開放探親前是如此。

我輩都生長在台灣，開放觀光前從未去過大陸，自然不會有朝思暮想的渴望。吾人對祖國、對民族文化的理解，存在課本、長輩說故事及各種身教言教的影響，從小讀孔孟詩書更是產生很大的「文化認同」。

不論一信那一代或我這一代，對於兩岸政治環境、制度的不同，我們對「國家」儘管有質疑，但對「中國」和「中華文化」是沒有質疑，本質上一致且認同，才有如「崇敬您，中華文化」一詩最後一段：（註九）

中華啊！中華
中華文化，我的母親
我們脈管裡奔流您的血液
我們的骨骼因吸取您的養分而挺立
我們的眼、我們的皮膚
因您而光輝
我們愛您、敬您、崇您，直到永遠永遠

這是一首適合朗誦的詩，氣氛昂揚、積極，對未來充滿希望，沒有無奈和悲憤是這輯各詩的特色。相較於前面，如第一輯的「異鄉人」一詩，「雨也似的，被迫降落在這裡／露也似的，乾在這裡」（註一〇），乃至「白色撲來」等，形成強烈對比。這種情境或許是一種心理和倫理的因素，我們通常對「母親」無怨無悔，對父母乃至先祖也是不批評、不批判的。我們常把自己的祖國昇華成「母親」，黃河稱「母親河」，都是一樣的心理因素。在我讀過的詩作中，似乎余光中有「得了梅毒仍然是母親」這樣的詩句

（出處待查）。

在第四輯的幾首詩，一信處處體現了身爲中國人的一份子，他清楚明白「我是誰？」以身爲炎黃子孫爲光榮，認同自己的血脈源流，認同自己的民族文化，一個「清醒」的、知道「我是誰？」的人，在現在的台灣是難能可貴的。記得民初高僧弘一大師就說：「世間有兩個難得，佛法難得、生爲中國人難得」（出處待查）。一信體認這種難得，「秋海棠葉」一詩禮贊著。（註一一）

秋海棠葉，秋海棠葉
以金的屬性和橡膠的韌度
以一種形態一種風貌
展示如滿月如朝陽

秋海棠葉中蘊藏最豐富
秋海棠葉中黃河最源遠
秋海棠葉中長江最流長

綠綠的原野最遼闊
巍巍的聖母峰最高聳

君可見？有河水在我們心中澎湃
君可見？有江流在我們血管裡奔放
君可見？有馬群在我們胸際馳騁
君可見？有山嶽在我們額上雄峙

最樸拙的記事繩喊：
　黃河不源遠，長江不流長
　原野不遼闊，山嶽不高聳
崇尚真理的象形文字宣誓：
　眼色最源遠，血液最流長
　哲理最遼闊，道統最高聳

永恆的陽光下
日日由新鮮空氣傳播著禮義
刻刻在時鐘的顏面上警戒著廉恥
我們，從祖先到子孫
水般流著，山樣立著
驕傲地一代代傳遞著血緣

這首詩是對身爲中國人、炎黃子民的一份子，及子子孫孫的中華子民們，之禮贊、激勵，還有「警告」，「刻刻在時鐘的顏面上警戒著廉恥」，每一代中國人要「山樣立著、水般流著／驕傲地一代代傳遞著血緣」。這是多麼深刻的證言，此種心境來自他所經歷的苦難：他經過對日抗戰、國共內戰，到台灣當了幾十年「異鄉人」，他流浪過、他失去「祖國」過……

「秋海棠葉」一詩，若按想像力（神思）三個標準，（一）發揮的程度；（二）在審美條件上爲讀者創造一個新和奇的世界；（三）感情和形象（物）的昇華。

第一想像力的發揮程度，除「借景」、「借物」言志外，詩中的意象（江河山嶽等），讓人產生神采飛揚的情境，擴張了藝術想像空間，而達到「思接千載」、「視通萬里」，此即道家「無所不極」之謂也。而從「黃河不源遠……眼色最源遠」等詩句，是詩語言的創新，也是思維邏輯的創新，先否定，再肯定。

第二爲讀者創造新奇的世界，這個世界可能被許多人遺忘，一個充滿中華文化、禮儀之邦的世界。也可以說「喚醒」，喚醒每一個當代中國人，我們曾有優美的文化，我們是炎黃子孫。

第三是感情和形象的昇華，以「秋海棠」爲主形象，如滿月如朝陽，葉中（神州大地）蘊藏所有子民須要的資源；主形象又展演出黃河、長江、聖母峰等客觀存在的山河。由客觀形象再「內化」入人的大腦，成爲「內在圖式」，因而能讓人心中澎湃，如長江黃河在我們血管奔流，這就是形象和情感的融合完成，經過這種融合完成，國家認同和民族認同，就會堅定如山，驕傲地一代代傳承血緣關係，炎黃子孫才有可能千秋萬世。

相同的思維、相同的情境，不同詩題是「指南車」和「時代的迴響」。詩人把指南車用想像力加以擴張，長出翅膀，貫穿五千年「如巨燈射穿黑夜／一根指南針縱橫於歷史」，恆定指向如四維八德，榮光鋪展成歷史大道。

一信經歷過的年代，正是中國苦難時代的大部份，子民當然承受無盡之人禍，但「苦難磨亮我們的名字／戰鬥振奮我們的豪情」。余以爲，這是了不起的，同樣面對苦難，有人選擇跳海跳樓，有人選擇亡命天涯，但有人磨亮自己的名字，迎向挑戰，成就自己的詩業理想國。怎樣的詩人才能「在火中修煉」，也是詩人的葉維廉教授，在《葉維廉五十年詩選》新書發表會中，自述其詩的生命內蘊於烽火連天的中國，開始於冷漠疏離的香港，在「龐大匆匆遊魂似的群眾中的焦慮與孤獨裡」，被逐向「生存意義」的求索而萌芽爲詩人。（註一二）顯然，一信也從火中走過來，在火中修煉過，從《夜快車》、《時間》詩集一路下來，讀者你看到多少火中腳印？聽到多少火中吶喊？那字、那詩，在火中煉過！

詩集最後一首詩「橋」，詩意深廣，放於一信走過的大時代，或架於目前的兩岸，乃至人我關係之間，「橋」有多重多元意義。賞讀之。（註一三）

跨過遼闊的激流
伸展再一程
更長　更遠的前途
橋

是一種最完善的銜接
是一種對阻礙的超越
是一種凌江海而渡的飛躍
是一種
建設在人們心中偉大的愛

有多位詩壇名家針對《牧野的漢子》詩集中作品，寫出很有份量的詩評，如墨人、麥穗、涂靜怡、宇彬等，一信公子徐大（徐懷鴻）也有一篇校對父親作品的心得。各家欣賞角度儘管不同，但一信詩作可以感動讀者，產生一種感染力，乃詩人真性情使然也。

本文（上下）試圖從「想像力——詩的翅膀」，簡化成「單一窗口」、三個標準，賞析一信這本詩集。事實上，這本詩集的每一首詩也都長了「翅膀」，或隱或顯，或多或少，有的翅膀儘管不夠美麗，也還是長了翅膀。詩長不長翅膀，是能否成詩的重要標準。是故，詩評家絕大多數認為為詩，離不開想像，「去掉想像，實際上，就等於丟掉了詩。」（註一四）想像的手法其實很廣，包含比喻、擬人、象徵、誇張（夸飾），乃至用意、用事、用典，同樣是藝術想像的活動。藝術想像過程就是詩人浮想聯翩，在大千世界捕捉形像、煉製形象，內化成腦中的「內在圖式」，隨時「備用」。

欣賞一首詩的翅膀，也不止於本文所述之三個標準，還有很多「入口」。例如想像形式（聯想、幻想）、想像的動力（感情投入）、深度和廣度、表現方式、構思過程等，也視個人喜好欣賞角度不同。

我用《牧野的漢子》爲例，做爲想像力賞析文本，並非這本詩集是一信所有著作中想像力最豐富，我大致只是「隨機取樣」，意到筆到。一信詩作想像力最豐富的、最絕妙的，還在後面的幾本，下回分解吧！

註釋：

註一：麥穗，「滿載感情的歌：寫在一信詩集《牧野的漢子》出版」，台灣立報，民國七十九年元月廿三日。這篇評文也收錄在一信詩集之末。

註二：落蒂，「一吟雙淚流：一信詩作的生命意涵」。（發表資料不詳，收在一信整理的小冊，再收錄在一信二〇〇三年出版的《一信詩選》）。

註三：王幻，「襄陽老：贈『牧野的漢子』作者一信」，中國詩刊第三期（出版時間不詳）。該詩中有句「這個卡通人物」。

註 四：春、夏、秋、冬各詩，見一信，《牧野的漢子》（台北：傳燈出版社，民國七十九年元月），頁七三—七七。

註 五：同註四，頁八〇。

註 六：同註四，頁九〇—九一。

註 七：《葡萄園》詩刊第八十一期，民國七十一年十一月十五日出版，頁四—十。

註 八：同註四，頁九四—九五。

註 九：全詩見註四，頁九九—一〇一。

註一〇：同註四，頁四五。

註一一：同註四，頁一〇二—一〇三。

註一二：周慧珠，「現代與詩的午後：《葉維廉五十年詩選》新書發表會」，人間福報，二〇一三年四月廿一日，B五版。

註一三：同註四，頁一〇八。

註一四：曹長青、謝文利，《詩的技巧》（台北：洪葉文化事業有限公司，一九九六年七月），頁七七。

第七章　《婚姻有哭有笑有車子》（上）

——寫意與借物

在三月詩會和一信詩兄雅聚，至少也有四、五年了，我們晚一輩的同仁最大的收穫，是常聽三月詩會元老詩人（麥穗、謝輝煌、晶晶、王幻、金筑、一信等），談詩創作應如何如何！一信最常提到的是含蓄、創新、想像力及讓人讀懂和感動人。我一路讀著一信從早年以來的詩，他在主題、意象、詞句都保持這種創新精神，力避陳腔舊調，極少用典用故或成語，這當然須要苦思，若不苦思，何來日新月新年年新？

唐代詩論家釋皎然提倡「苦思重意」。（註一）如李白說的「借問別來大瘦生，總爲從前作詩苦。」杜甫也說「語不驚人死不休」。但創新也並非作怪、標新立異。大陸著名詩人、詩評家古遠清教授看過一信作品後，認爲一信不趕時髦，不去寫那些誰也無法詮釋的晦澀詩。他的詩當然不夠「後現代」，他亦無意於以反邏輯、反修辭、反崇高作爲自己追求的目標。（註二）確實，我認識的一信，在文壇耕耘詩田已半個多世紀了，他不「造反」，只做著「寧靜革命」的大業：努力創作、寫詩，當一個實實在在的詩人。

怎樣的詩人？才是一信心中真正的詩人呢？多年前他接受專訪時表示，「詩寫有成就的是詩人，沒有成就者叫寫詩者」。再者，詩的氣質充沛在他生命裡面者即爲詩人，至於寫詩者，拚命東抓西抓只想成名。（註三）這是當然，我也寫過數篇文章談人品和詩品一樣重要，甚至人品重於詩品，這是歷史上無人稱秦檜、汪精衛等人爲「詩人」的道理。事實上，秦、汪二人寫詩的功力，不一定比余光中差。

一信如此謹慎界定「詩人」標準，表示他下筆慎重，自我要求也高。我從他早年作品一路讀過來，《夜快車》、《時間》、《牧野的漢子》，他重視鍊字造句，可謂「吟安一個字，撚斷數莖鬚。」此即司空詩品之「洗鍊」，「不洗不淨，不鍊不純。」（註四）於是，吾人進入一信六十四歲這年出版的第四本詩集，《婚姻有哭有笑有車子》，看詩人如何「洗詩鍊詩」！這本詩集的作品我按內涵略分幾類。（註五）

△**寫意屬靈**：浴火詩人、詩、詩的化石、神晤李白、宋朝的一個詩人、詩之議、飛我、秋、除夕0點。

△**借物表意**：鐘錶的型體、鐘錶之聲、日曆的臉、妳笑了、北宜公路、無名之樹、

草原中的蒲公英、茶之風華、茶之志、橋、夏夜、三吟有感、豬與人、殞星、枯井、戰斗機、酒之詰、茶之恨、茶之放誕。

△**人生感懷：**婚姻有哭有笑有車子，春已老、悄然而過、遙遠的自己、魚躍、失眠、風起雲飛我欲歸去、六十自吟、老兵、閱書、登黃鶴樓、再登黃鶴樓、陌生人、端午節、老年愛情。

△**人生修行：**玉澤晶瑩、路燈三式。

△**政治批判：**我不投票了、選票的臉、競選海報、那年、謊言。

本文按這五種分類，區分上下兩篇賞讀詩作，篇幅受限也只能舉少數代表作品析論之。雖然一信在詩集之後說，至今未能寫出好詩，未找出一條能盡情發揮的詩路，我看是未必，因爲時間才是最後、最公平的裁判者。

一、寫意：上格用意、意在言外，屬靈的活動

如同國畫中的「寫意」「意到筆不到」之謂，因筆未到，故不著相，無物無形無象。早年習畫時，老師這麼說的，只能心領神會，不能言說。

事實上，中國詩學也一向「重意」，晚唐齊己的《風騷旨格》言詩有三格，上格用

意，中格用氣，下格用事。（註六）釋皎然在《詩式》中說詩之五格，亦以「有意」爲高，用事爲次。（註七）故，意的學問可大了，更進而有意象、意境，此處暫不深論之。

《婚姻有哭有笑有車子》（以下簡稱《車》集），有九首偏向寫意的作品，以「浴火詩人」、「詩」、「神晤李白」、「詩之議」和「除夕0點」最俱代表，先賞讀「浴火詩人」。（註八）

詩焚你　你
眼睛與烈陽同炙與大風俱揚
語言狂飆
火舌吞噬文字

每個字入一朵烈焰
若著火刺蝟　在心中翻滾
也騰昇　衝成火鳥
延燒天空星群狂奔　吶喊

太陽月亮暗了又明　明了又晦
在焚火的詩句裡跳躍

你

被焚成如舍利子般的
一個字　一顆珠采
串連起來之一圈璣骨

也成　千年后
一捧花朵化石　或明日
一縷青煙

這首詩我選為《車》集寫意經典作，難怪一信用為代序詩。詩人用了很多意象，如「詩焚你、烈陽同炙、大風俱揚、吞噬文字、著火刺蝟、星群狂奔、舍利子」等等，這些都是屬靈的精神活動，並非真有客觀世界「物、像」之存在。許多意象構成一幅空靈意境，其實「真相」只不過詩人在「苦思、錬字」，是創作一首詩的過程。前面才講到苦思一個字，撚斷數莖鬚，「浴火詩人」一詩或許正是範例，且因洗錬而意高。《薑齋詩話》曰：

> 無論詩歌與長行文字，俱以意為主，意猶帥也，無帥之兵，謂之烏合。李杜所以稱大家者，無意之詩，十不得一二也。烟雲泉石，花鳥苔林，金鋪錦帳，寓意則靈。（註九）

詩人錬（煉）意，如浴火鳳凰，最後一信竟把詩煉成舍利子。他在跋文中說終其身是不會放棄寫出可流傳萬世好詩的努力，這首詩正證明他的實踐精神，也把握住中國詩學「俱以意爲主」的重意詩風。再賞「詩」：

生命勃動
形象：花開花落
節奏迴旋

文字：璣珠渾圓晶瑩
意境以檸檬黃涵潤山水

佛來拈一朵花
靈魂溶入一片葉　一瞬光
非樹　非台
乃
成一首詩　（註一〇）

「詩」一詩，寫的是詩的形象和內涵，亦可謂以詩為詩下一個定義，真是神妙無比。

徐寅在《雅道機要》論「意」，謂「意包內外」，詩有內外兩層意，外意重形象的體會，內意深蘊於詩內，要再三思索才能領悟；內外亦是合一的，不可分割，有外意無內意，徒具形式辭藻，有內意而無外意，則成經文教條。徐寅依「意包內外」要旨，為詩下了一個界定：「夫詩者，儒中之禪也，一言契道，萬古咸知。」（註一一）此一定義，頗能道出中國文化的兩大主流，儒和佛兩家思想對「詩」的影響，而道家居儒、佛之間。

所謂「儒中之禪」，即從儒家積極入世和仁道精神，以求取詩的最高境界——禪境的實現。因此，既不失於空疏，也不嫌其有過多制約。中國詩的最大特色，略可以「儒中之禪」四字包涵無遺。

說了前面一大段是爲詮釋一信這首「詩」的內外之意，兩段十行的小詩，前段五行講成爲一首好詩的條件（形象、文字、音樂、意境），是徐寅所指「外意」之部。第二段是詩的誕生過程，如何形成一首好詩的心靈活動，是一種自然的、本然的，思想上的「意」之運動，此一過程屬於「不可說」的範疇，爲何不可說？詩人用了兩個典故詮釋不可說之意。其一「佛在靈山拈花，迦葉微笑，大法完成認證傳承。」其二是禪宗六祖惠能大師得到認證的詩，「菩提本無樹，明鏡亦非台；本來無一物，何處惹塵埃？」。於是，「非樹　非台／乃／成一首詩」，詩的誕生本就神妙無比，何況寫「意」之詩，意在言外，懂得的人自然能懂，不懂的再寫千言亦不懂。

我雖選一些「寫意」詩做分析對象，但其實任何詩都有幾分寫意，詩不能無「意」。再如「神晤李白」一詩，「而你　竟能／蹈水捉月　在水中攫住歷史／抓住了詩」（註一二）；而「詩之議」一詩，「我不願再聽／那些煩瑣的議論……戰爭走開　政治走開……」（註一三）都是神來之「意」，把一個「意念」在腦海中掀起大風大浪。在《車》集上

「除夕0點」這首詩，與《夜快車》詩集的「除夕夜零點」，兩首詩在構思上有同工異曲之詭「意」。（註一四）將二詩並陳做比較觀察。

除夕0點《車》集

站在沒有時間的空間
以左右兩眼　睥視過去　未來
過去有一匹馬　本應奔騰馳騁
惟頸蹄受傷
馬老　且拖破車
未來有一隻鷹　本應展翅翱翔
但羽翼無力
且在大的鐵籠之內
老馬拖著破車逝去
老鷹在大鐵籠中
鬱鬱盤旋在日月交錯影中

除夕夜零點《夜快車》集

紅燭的光華是酒：
飲飽了時間，飲醉了希望
透明了一個朦朧的苦笑
那比懼怕還令人懼怕的
是一聲短短的質問
出自掛鐘零點的嘴角上的
噯～零點
担的前後兩頭日子都是沉甸甸的呀！
而我！却被壓在一無所有的真空地帶

這兩首詩純屬詩人「意念」之運動，詩人甚至不須要客觀之物（形象）的投射，也不須要看到一個掛鐘，便能使「意」入無窮之天地變化。這兩首詩都表達了強烈的「被壓迫」感，那過去受傷的老馬，未來仍在鐵籠內的老鷹，所指何事？何人？就不點破了！

二、借物：形象、論情、表意、言志

「借物」是指借客觀世界一切存在的物，山河大地一切有「相」、有「色」之物，借其物之形象與詩人的主觀情感產生「融合」。前文談神思論，講到藝術想像是形象的思維，也是心靈創造，情感和形象（表象）則是想像力的兩個基本元素。

這裡所講的「形象」，即現代心理學中的「表象」，人的成長過程會把客觀存在一切事物形象化，存在大腦記憶體中成「內在圖式」，形象可以引發情感，情感更能啓動形象。若能善用藝術方法（如擬人、物化、夸飾、比喻、興。）在所有詩歌作品中，這種借物之形象以論情、表意、言志等，總量可謂最多。我國古代詩人最善於運用形象化語言表達情意，如李白這樣表達惜別的惆悵：「孤帆遠影碧空盡，惟見長江天際流。」

（黃鶴樓送孟浩然之廣陵）

興者，先言他物以引起所詠之詞也。（註一五）如《詩經》中，「關關雎鳩，在河之洲。窈窕淑女，君子好逑。」（關雎），即「興」的方法運用。

借物之形象與詩人情感融合，表達一切情意思想觀念，現代詩實有無量數，自然在一信這本《車》集詩作，至少七成以上屬此類作品，只能以少數賞讀詮釋之。首先看最多人賞評的「茶之恨」。（註一六）

以狷介之風骨　踞傲之姿
歷酷風　炙陽　旱灼　寒凍
及諸多苦難甚至煎熬　我
生在山間　長在山間　活在山間
枝葉伸展在山間　花朵綻放在山間
這是我　我啊！
而你！你們！採我　摘我　晒我　烤我　熏我
又以　世俗評我
　　斤兩秤我

金錢買賣我

我　我成了什麼呀！

我認了我認了我認了
我無奈地認了
我痛苦地認了
我絕望地認了
任你　任你們　任你們這伙兒
用滾水泡我
取我精　飲我汁
最後　傾倒我於污濁的溝渠中

我認了　這輩子我認了
對你　對你們　對你們這伙兒
晒焙我成為需用之形體的這伙兒

買賣我牟取利益的這伙兒
沖泡我作飲用的這伙兒
利用完後傾倒我入溝渠的這伙兒
我認了！我認了！

這是一首運用角色互換和擬人化手法，讓茶活化說話的詩創作，使用平實的白話語言。有不少詩人賞評並詮釋這首詩，但我總覺「真相」不是那麼真！略舉各家之說，誰說最真？

△**落蒂：**「茶之恨」一詩，讀後真叫人拍案叫絕，一個人被利用完了，像茶泡完了，茶渣被倒入溝渠，那種痛楚，誰人沒有過？……一信這種對人生無奈的抗議之詩篇，處處皆是，如「哈密瓜」、「碗說」、「防風林」。爲什麼一信一直有被利用、被壓迫的感覺。（註一七）

△**落蒂：**「茶之恨」，充分寫出「兔死狗烹、鳥盡弓藏」的悲哀，這是真正的生活詩。（註一八）

△**林峻楓：**「茶之恨」就是「我有話要說」，藉茶葉被採去生命來隱喻種田的良民

遭遇征兵、打仗、開墾修路等資本利用，以及生命精神的種種消耗……也可比擬他個人的種種歷練與苦澀辛酸。（註一九）

△**張軍**：「茶之放誕」、「茶之恨」則有詩人對世相的揭示，對世俗的憤慨。（註二〇）

△**邱平**：「茶之恨」，以物喻人，道出人世諸多的不平和憤慨，而語言精練，節奏明快，鏗鏘有力，正是一信詩特具的風格。（註二一）

以上各家解「茶之恨」一詩，都把「詩」和「詩人」掛在一起，認爲詩人在寫自己的人生經歷感想。這個觀點若按「文如其人」的傳統文學史觀，當然是正確的。但偏偏文學創作的書寫態度，向來有兩種不同思維（也是派別），「文如其人」是一種，認爲作家都只是在寫自己，完全主觀的創作態度，自己的思想、情意、態度……

另一是完全客觀的，文不如其人，乃至文和作者分離，創作歸創作，作家歸作家，作家絕不把自己的感情、意念、情緒放入作品。把「我」深藏，作品只寫客觀世界的一切存在和真實。最有名的例子，如法國十九世紀文學家佛祿拜爾（代表作品《包華荔夫人》），他的作品意象從不揉雜他個人主觀情緒，所以毛姆說他是法國最偉大的文體家。

（註二二）這種觀點的詩歌文學創作，在文壇上也很多，就算同一個詩人，也有些作品寫自己，有作品是完全客觀書寫，筆者就常有「不涉己」（完全排除主觀情感）的客觀之作。

我舉各家之說及我的客觀論，目的在說明一信這首「茶之恨」，並非全然在說自己或社會現象，而只是把茶擬人化，叫茶表述自己的不平。

還有一個我認爲不全然是詩人自己的原因，是我所認識的一信，沒有這麼多悲情，沒有這麼多恨，他是很有自信、很堅強的漢子，不會有這麼多「被壓迫妄想症」。類似此種詩作頗多，不再逐一舉出說明。

茶系列姊妹品還有「茶之風華」、「茶之志」、「茶之放誕」等，均有典雅、創新形象。「馨香才是了不起／我　就是　一種／以馨香結交天下士　的／一種我」，這便是詩人的言志表述，也展示了個人特質和才情。（註二三）而「鐘錶的型體」、「鐘錶之聲」和「日曆的臉」算同一掛的族人，充滿豐富想像力和人生感悟，新奇的意象乃「苦思」而得，不知撚斷幾根髭鬚。（註二四）

鐘錶是圓的固體／時間是長的液體／從鐘錶中流出的時間／永遠回不去了

「鐘錶的型體」第一段

每天都擺出一張不同的臉……這張臉　曾有母親的臉／曾有仇人或情人的臉

「日曆的臉」部份

像「日曆的臉」一詩，明顯的客觀書寫大於主觀表意，能把日曆、鐘錶寫的如此鮮活，基本上詩人已打通「詩的任督二脈」才做得到，這便是功力。在借物表意這部份，「無名之樹」是很特別的創作，詩人轉個彎用風和雨的對話，點出政治黑暗、權力鬥爭的可怕，「小白兔」是碰不得的。讀「無名之樹」。（註二五）

樹不懂阿諛地站著
風雨來了也不彎腰
卻一再搖擺著
想換個較好的位置

風說：做夢。沒將他連根拔起
　就已經很不錯了
雨說：別想。沒將他枯死
　就已經是恩德齊天了

樹站著　呆站著　搖著
一天　我看見了這棵樹
果然是好樹好料
想著　我死了可用他作棺木
一起入土為安

雖說借物表意，但其實這詩也是寫意之作，詩人不會刻意去找一顆樹，只是一個意念加以構思。爲何說這首詩講的是政治黑暗、權力鬥爭的可怕?內容不過一些風雨，怎會是政治?這是詩的奇妙，古今以來這種詩特別夕，舉一首爲例比較說明。以下是一九六一年九月九日毛澤東獻給江青的一首題照片詩（附印）（註二六）

大凡男人寫給女人的詩，通常是情詩，少有例外。但看這首老毛給江青的詩，**「暮色蒼茫看勁松，亂雲飛渡仍從容；天生一個仙人洞，無限風光在險峰」**，毫無「情」味，原來這是一首政治詩，通篇是政治的隱喻，革命的象徵。「暮色蒼茫」、「亂雲飛渡」，象徵制壓革命、破壞革命的反革命勢力。而「勁松」象徵一種勁挺的革命精神或革命者形象。革命者保持了革命氣節，任反革命如何囂張，依然從容面對，巍然挺立。末兩句用政治語言說，即是光明在前，勝利在望，革命終會戰勝反革命，革命者必能不畏艱險，攀上革命的頂峰。但吾人看文字表相，不過只是暮色、勁松、風光和仙人洞，那有別的！

回頭讀一信「無名之樹」一詩，表面上也

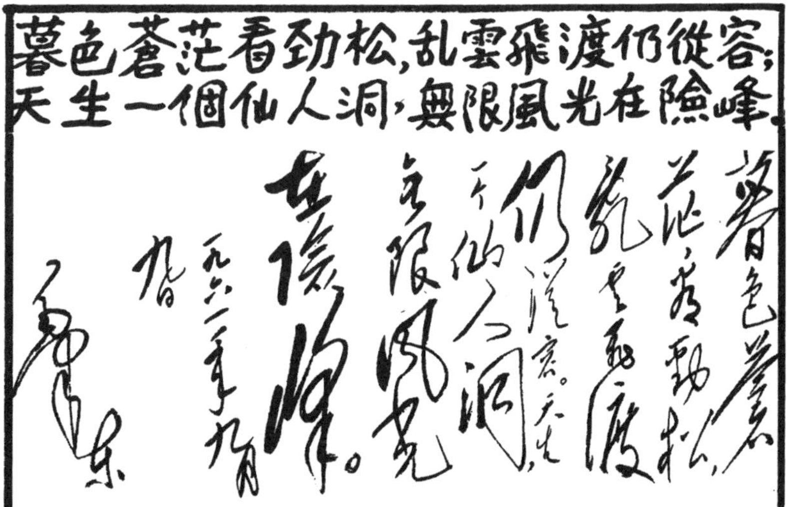

毛泽东为李进（江青）所摄庐山仙人洞照片题诗（1961年9月9日）

不過風雨樹木，裡面的學問可大了！樹代表正人君子或詩人自己，但正人君子也會想要步步高升，科長幹三年了，「想換個較好的位置」，想當局長，可惜不懂阿諛之術又不彎腰，愈來愈像一隻想入「叢林」的「小白兔」。風和雨代表政客、權力、官位、長官、競爭者、總經理……都行。聽到你想換個好位置，你從來也不去請安，年節又不送禮，當然是做夢，還打算把你「幹掉」，現在留你一口飯吃已是恩典，其他就別想了！

樹呆站著，如正人君子、不善交際、不懂阿諛之術者，通常就在一邊涼快！走遍天涯海角都一樣，乃大社會叢林之常態，不足爲奇。至於爲何最後要用這棵樹作棺木，一起入土爲安，只能說詩人太欣賞正人君子這個形象，要生生世世當正人君子，也不想去當政客型的人。

傳統中國知識份子，不論何人（君子、小人），學而優則仕，從政當官，步步向上發展，謀取功名，是很正常的人生目標。面對這種被多數人視爲應該追求的人生理想，若自己不努力追求，通常會被視爲不知長進。所以，就算淡薄名利者，也會「卻一再搖擺者」，無法抗拒功名的誘引。這種進退兩難的搖擺，在一信的生命歷程中有「豐富」的經驗。例如民國五十一年離開《世界畫刊》，在長官面前說了真話遭辭退，非他所願。最後在台汽總公司當副經理，「想換個較好的位置」，始終沒機會，只好退休啦！「無名之樹」一詩，意境深廣，放之四海皆如是。

本詩集借物表意論情之作甚多，「酒之誥」、「枯井」、「北宜公路」、「橋」等甚多深遠之意，趣者均可自行欣賞解讀。深入一信詩國看他如何當「國主」？如何焚詩、治詩？吾一言以蔽之曰：「諸法皆空、無法無天」。諸君以爲然否？

註釋：

註一：蕭水順，《從鍾嶸詩品到司空詩品》（台北：文史哲出版社，民國八十二年二月），第三章。

註二：古遠清，「從彼岸飄來的歌聲：《一信詩選》」。《葡萄園》第一二九期，一九九六年春季號，85年2月15日出版。

註三：林峻楓，「訪詩人一信：狷介的風骨」，青年日報青年副刊，民國八十九年元月八日。（該文另刊《新詩學會》詩刊，第二期，八十九年五月。）

註四：同註一，頁一〇五。

註五：一信，《婚姻有哭有笑有車子》（台北：文史哲出版社，民國八十五年十月）。

註六：同註一，第五章，齊己的《風騷旨格》，頁七五—八二。

註　七：同註一，頁五三。
註　八：同註五，頁九。
註　九：同註一，頁一〇五。
註一〇：同註五，頁一一。
註一一：同註一，第六章，「徐寅的雅道機要」，頁八三—九〇。
註一二：同註五，頁一四。
註一三：同註五，頁一七—一八。
註一四：詳見《夜快車》詩集，第八頁；及同註五，頁九八。
註一五：謝文利、曹長青，《詩的技巧》（台北：洪葉文化事業有限公司，一九九六年七月），第八章。
註一六：同註五，頁六二—六三。
註一七：落蒂，「深情自有一山川：讀一信詩作有感」，台灣時報副刊，民國九十一年二月十八日。
註一八：落蒂，「一吟雙淚流：一信詩作的生命意涵」，刊載資料待查。
註一九：林峻楓，「訪詩人一信：狷介的風骨」，青年日報青年副刊，民國八十九年元月八日。（該文另刊《新詩學會》詩刊，第二期，八十九年五月。）

註二〇：張軍，「擎自己如一面旗，與蒼天同色：讀一信的詩」，乾坤詩刊第二十期，二〇〇一年十月出版。

註二一：邱平，《婚姻有哭有笑有車子》讀後，同註五，頁五。

註二二：蔡義忠，《從荷馬到海明威》（台中：普天出版社，民國六十年十一月），頁一七二—一八二。

註二三：同註五，頁五八—五九。

註二四：同註五，「鐘錶的型體」，頁二三—二四；「日曆的臉」，頁二七。

註二五：同註五，頁四八。

註二六：胡學常，「毛澤東寫給江青的那首詩」，《炎黃春秋》第四期，北京報刊發行局，二〇一三年四月。頁五一—五五。

第八章 《婚姻有哭有笑有車子》（下）

——人生感懷、修行與政治批判

王幻在贈《牧野的漢子》作者一信的詩中，有一段這麼寫著：**「這個卡通人物／他吟著屈原、宋玉／米南宮和孟浩然的詩句／自湖北的襄陽／來到台灣的新店……這牧野的漢子／他的臉晒成了古銅色／就像大門上的蓬頭獅環／不知那一天，他會／狂飈地吼起來！」**（註一）原來是這麼卡通、有赤子心，又有些幽默氣質的詩人，才會想到「婚姻有哭有笑有車子」這樣妙句詩題，並當成詩集的書名，第一眼就吸引人，也合乎現代商品廣告學之概念。

這種創意多少有幾分天份，並非人人能之。一信早年在交通單位服務，由他所發明並廣爲宣傳的標語，「快快樂樂出門、平平安安回家」、「寧走百步遠、不走一步險」，至今還流行沿用，無形中救了很多人的命。這種運用文字的功力，和他寫詩、苦思、創新精神都有直接關係，一切的「果」不會沒有「因」，而因也不是單一的，都是諸種因緣造成果，成爲現在的一信。

在當代詩壇上一位大師級詩人向明先生，爲《婚姻有哭有笑有車子》（以下簡稱《車》集）提序，說到一信這本詩集六十首作品，存在意義的追尋和自我價値的提升，仍是他一貫追求的主題。有何樣的心情，就說什麼樣的話，就有什麼樣的詩，這才是詩人真正可貴的特質。（註二）如是，則《車》集作品一定有很多是詩人自己的人生感懷，寫的正是詩人自己。也是三月詩會創會元老的詩人邱平，在《車》讀後的文章說，「我細心從頭賞讀了一遍詩人一信的這本新著後，首先給我整體的感覺乃是，有如面對一個豪情萬丈的「牧野的漢子」。（註三）

我所感覺到的一信，和邱平感受到的，其實是一樣，一個能被公認是詩人，也是「正常」的詩人，其特質和風格是連續性的，一以貫之的，絕不可能換個「位置」就換一個腦袋。今日爲左派寫詩頌揚，明日左派失勢，又向右派寫詩歌頌，這樣的人雖也寫詩，但絕非詩人，而是政客。這樣的「寫詩者」台灣詩壇多的是，路寒袖就是此型代表，他的把蔣公銅像大分裂八塊的醜聞就別提了！當年高叫台獨，現在又到大陸去寫詩表態，說自己如何受中華文化影響，如何的愛中國，這是詩人嗎？

一、人生感懷、感事、感時

一路從《夜快車》下來，一信仍是一信，詩的風格、特質如人之一以貫之，只是不同年代有不同人生領悟，從《車》集開始顯現了修行的境界。這本詩集屬於人生感懷、感事、感時作品也多，以下這首當書名的是代表作。（註四）

三十載了　我們曾攜手
從禮堂走進雲中
從雲裡走進風雨中
從風雨裡走進水火中
從水火裡走進荊棘中
如今　帶滿身傷痕
相互笑著
在溫馨小屋中
飲　汗與淚釀成的

甜美瓊漿
回憶幽幽地彈響著
往昔的悽愴曲

曾有囂張的黑手
推我入恐怖之山谷
死神的猙獰惡面　逼向我
且　揮巨掌擊殺我
是妳以戰慄而柔弱的小手
拉回我於死亡絕壁墜落之頃刻

如今　三十年終能攜手
踉蹌闖過
小屋前
兩頭白髮飛揚傲笑夕陽

我妻　在此紀念之光環中
攜子媳　獻妳此詩
及我滿心的愛

這首題「來時路：結婚三十年紀念贈妻詩之一」，寫於民國八十五年，他和夫人鄧容全女士結婚三十年紀念。此詩的第一段也是風雨，上篇講「無名之樹」一詩也是風雨，兩處風雨不同，這裡的風雨又加水火，所指爲何？就留給讀者去發揮想像力了！

第二段「囂張的黑手」「恐怖之山谷」、「死神」等都是叫人驚怖的意象，表示詩人已走到鬼門關的大門外，妻的小手又把他拉回人世間，這是奇緣啊！第三段劃下一個愛的句點。整首詩算是結構嚴謹的三段論法，最後的「傲笑夕陽」和前面的風雨水火，形成強烈的意象對比，先苦後甘，畫出一幅鶼鰈情深的天倫之樂，情意溫馨感人。

這是一首「紀念性」的詩，紀念夫妻一路走過三十年的苦和甜。但總覺得欠缺幾分情人的「情」味，是故，這不是一首情詩。很多人的經驗說，夫妻老了，情淡了，而愛轉型成「義」，若是，則一信「春已老」、「老年愛情」等，都表述這樣的情境。「愛

的成份　愛的元素／若氧化或昇華／都將消失於晚間的電視連續劇裡／／有一叢乾燥花／勉強而尷尬地花著／定睛詳看　竟是／老年愛情」。（註五）天啊！愛情怎從艷麗的玫瑰花，變成了無生命的乾燥花，還勉強而尷尬地花著，愈老愈要花，別人不看，花給自己看總可以吧！

我還是重提前面說的「客觀書寫」，詩人所有書寫的一切，很多只是描述客觀的存在，尤其是普遍性存在的現象，而自己也是存在者之一。所以，詩並不全然講自己，是一種感時、感事、感悟，例如「悄然而過」一詩，「那個男子悄然而過／沒有榮耀／沒有名望／平平凡凡地／悄然而過……辛辛苦苦　黯黯忡忡／悄然而過」亦是。那個男子是誰？可以是任何人，是筆者，是一信，或一信認識的某男子。我以爲，有史以來大社會中，千分之一留下美名者，千分之一留下惡名者，餘皆「悄然而過」，詩人寫中了絕大多數人的一生，加以簡化、意象化後，便都是悄然而過。在「遙遠的自己」這首詩，詩人用了不一樣的寫作技巧。（註六）

我的一雙腳
一隻走向前

一隻走向後
把我自己與自己
越走越分開

我的兩隻耳朵
一隻聽甜言蜜語
一隻聽斥責怒罵
把我的聽覺和感覺
搞得遠之又遠

我的兩眼
一隻看好
一隻看壞
將世界看得一裂為二

如今　我自己
把自己狠狠地一裂為三

這種「分割畫面」的表現法，文學上常用，談不上創新。如張曉風有「左眼讀水，右眼閱山」；余光中有「側左，滔滔在左耳／側右，滔滔在右頰」；洛夫有「左邊的鞋印才下午／右邊的鞋印已黃昏了」等句。（註七）這種構句通常用於凸顯迅速、矛盾、視覺強化，使行文更加活潑。一信這首「遙遠的自己」，凸顯了人處在環境中碰到的種種矛盾，左右不是，進退兩難的困局，自己愈來愈不認識自己了。但他最後還是有創新，「如今　我自己／把自己狠狠地一裂爲三」。

「六十自吟」、「老兵」也是不錯的感時感事詩作，「閱書」詩中「閱書／祇有貪祇有攫取」，是字和意的顛倒表達，也是創新，也體現詩人努力讀書的程度。

二、人生修行的三個境界：「路燈三式」

爲何孔子能四十不惑？爲何我五十時還滿肚疑惑？爲何有人三十歲就清楚明白「我是誰？」爲何有人七十好幾仍「不知道我是誰？」這當然涉及智慧、環境等問題，還有一個關鍵因素是人生的修行，唯修行能提昇人生的境界。

我國先賢思想家把人生的成長、發展區分三個層次，即禪宗青原惟信言「未參禪時，見山是山，見水是水；既參禪後，見山不是山，見水不是水。可是悟禪之後，見山又是山，見水又是水。」未參禪時，人和自然尚未發生關係，你是你，山是山，二者各不相干；參禪後，山水和萬物開始融合，產生了關係（因緣）。進而悟禪後，你和自然不再陌生，你融於自然中，而自然也包含了你，山河大地亦住在你心中，山水有了生命，這便「天人合一」了。俗言「我見青山多嫵媚，青山見我應如是。」正是這個道理。

在一信所有詩作中，「路燈三式」最能體現人生修行的三個層次、三個高低不同的境界，其意象鮮活，構句新奇，亦想像力之力作。先賞讀「路燈」第一式。（註八）

一盞路燈　佇立在這裡
夜暗時，它照亮這裡
同時　它也將愛　將熱情
散發在這裡

它愛這裡　願獻身在這裡
縱有風雨　烈日襲擊　欺凌
縱然孤寂　時間煎熬　腐蝕
它永不改初衷
定定地佇立在這裡
看見車輛平穩地駛過這裡
行人來來往往安全地通過這裡
情侶們幸福地相擁在他腳下走過
老年人牽著幼小的兒孫
孫子們蹦蹦跳跳
生意人匆匆忙忙
……
都不受黑暗的阻礙
平平安安地經過這裡
它安慰地微笑了

在夜中　路燈
它有一絲熱發一份光地
佇立在這裡
獻身在這裡
將愛心
轉化成熱熾的情感
永遠散發在這裡

路燈的第一式，像傳統吃苦勞動無怨無悔的父母、一生耕田的老農，在一個小學可以教六十年書的老師，他們沒有太多思考，沒有更大的理想，也不會想太多，他們就在這裡吃飯、睡覺、勞動、死亡。把一切獻身在這裡，是亦愛的唯一方式，不思考人生的意義，國家、民族、社會、宇宙，太遙遠啦！莫宰羊吔（台語發音：不知道）。

第三段車輛駛過、行人往來、老少經過對他（燈）而言，沒有太多感覺，他只是定定的佇在這裡，盡了責任，就安慰的微笑了。不論日夜，他只是在這裡，工作在這裡，如一個小老百姓，工作、吃糧、死亡！

　　投射到人生的成長過，這大約是三十歲以前的知識學習階段，對名相、概念的認識。見山是山（只要記著標高以備考試就夠了），見水是水（只要記著寬廣、長度也夠了），其餘與他無關，乃至社會黑暗、政治腐敗、經濟不景氣等，還是和他無關。接著進入「路燈」第二式。

在漫黑的夜
固執亮著

我　固執地　抗矩
黑的陰　黑的險　黑之欺騙
黑之逼人無知

黑不應掩蓋一切
黑的無盡罪惡中

我要亮著
那怕只是一點微弱的光
也要執著亮著
讓走過此地的人
看得清要走的路

到第二式路燈進化了，他學會思考，他有了判斷力。「黑」代表人世間所有惡勢力，他開始懂得抗拒黑暗勢力的陰險和欺騙，他的抗拒愈來愈大，也敢於起來批判「黑不應掩蓋一切」，他更堅定要亮著，他知道了「一盞小燈可以照亮萬古長夜」的道理，他要照亮更多的人。

投射到人的成長過程，名相認識、概念學習已經不夠，甚至對「名相、概念」也有不同看法，名相未必合實物，概念也未必正確！有很多灰色地帶，怎麼辦？見山不是山（不是單純的山，山中還有寶物、有神仙、有文化。）；見水不是水（不是單純的水，水中有資源，涉及民族生存等），光是獨善其身已大大的不足了，你要進一步思考國家、民族、社會之種種問題。進入「路燈」第三式。

站著　挺直腰　昂然地　傲岸站著
用光的聲音向夜怒吼　且
垂直　平射　斜射　仰射　向
可能達到的遠方　擲射光的聲音

誰曾這樣站過？他為什麼要這樣站著？
如果　我不是為剝光夜的陰惡罩袍
把夜的偽妄　險毒撕碎
我會這樣站著嗎？

縱然
夜無畏於我用光的吼叫　且
不屑於我光的投射
用黑重重包圍我

以強力之魑魅魍魎壓壓我　我
每一絲光都被擠壓

而我　我
我不會消溶於黑於夜
我站著吼著堅持著抗爭著衝激著……
我堅毅站著　固執地發光　發光　發光
我是一盞燈呀！小太陽似的一盞路燈呀！

路燈進化到第三式，按現代心理學稱完成自我實現，大約是孔子「從心所欲不踰矩」的境界，能到這裡境界通常已是中老年後，而絕大多數人（六七成以），一輩子不論活到多老也達不到這種境界。

路燈到第三式，已勇敢的站起來向惡勢力挑戰，他知道自己存在的價值，發現了自己的「天命」，就是要「剝光夜的陰惡罩袍／把夜的僞妄　險毒撕碎」；無畏於魑魅魍魎的壓迫，更堅定的執行自己的天命，把自己亮成一盞小太陽。

投射到人的成長過程，見山又是山，見水又是水。因爲山水是我，我便是山水，我與天地合一是謂「天人合一」。用佛法解釋，我發現了自己的佛性，我是佛，佛是我，佛法無邊，任何歪鬼魔道能奈我何！

前所述只是人生三層次、三種境界。若照佛法應還有最後境界「諸法空性」或「緣起性空」。山河大地是假的，人身也是假的，金銀財富……全是假的，爲何？

人云身是假，我曰身是真，
藉此假面孔，廣種菩提因。

《佛說解冤枉經》

按佛教思想，世間一切都由地、火、風、水四大因緣和合而成，一旦因緣散滅，那裡還有真實的存在，就全是虛假了。路燈三式尚未到這個境界，到《愛情像風又像雨》詩集中的「緣起緣滅」一詩，這個境界就有了。

三、政治批判：人終究無法脫除箍在心中的金箍扣

從古代的「竹林七賢」、山水田園詩派的陶淵明、王維、孟浩然等，到現代許多要

遠離政治的詩人們，都說要斷除政治之影響力，創作「乾乾淨淨」的詩章。但事實上，政治有如無形金箍扣，或緊或鬆的箍住所有的人心。尤其社會發展到目前這種「全球化又全球政治化」的廿一世紀，一切生物（人和其他動物、樹木、森林……），無不受制於政治或制度干預。例如，要砍一棵樹、要殺一隻雞、要處理一隻流浪狗、捕一隻鳥……都可能引起政治風暴，乃至國際政治干預，其他比綠豆大一點的事更別提了。現代社會是一種所謂的「政治社會」，詩人是其中一員，也不可能斷除所有政治關係。

事實上，詩人更應該體現廣大人民群眾的聲音，詩人更應該是社會的良心，監督政府、批判政治。政治學中的批判理論（另稱「法蘭克福學派」），政治和政府乃至政權，是拿來批判的，不是用來膜拜的，批判使其進步再進步。

一信討厭戰爭、討厭政治，仍關心政治，所以這本詩集有數首「政治詩」，從政治批判觀點論是深值肯定的，政治本來就要批要判，就詩藝術而言，語言張力的表達充足，很有感染力，如「選票的臉」。（註九）

這張臉
看是方的　又似圓的

看是笑的　又似哭的
看是包拯的臉，又似嚴嵩的臉
又似孫中山的臉
又似袁世凱的臉

多少企盼　痛苦　怨憤
都累積在這張臉上
都表達在這張臉上

而這張臉
有時是高貴的臉
有時都是無恥的臉
有時會變成貪鄙或恐怖的臉

這張臉　是有情卻又無情的臉

是你的臉　我的臉　也是他的臉

凡是住在台灣的人，一定看懂這首詩，那就是政客的臉，一信的表達真是太鮮活。我要提示最後一行，爲何這張臉「是你的臉　我的臉　也是他的臉」？因爲政客也是我們大家選出來的，我們自己也要負責，深值警惕！

「我不投票了」和「競選海報」及「謠言」都很有批判力道，「那年」一詩雖含蓄，也不難理解。（註一〇）

走入
族群火燄焚燒　瀰漫的
狼煙地帶　與
政客刀客財閥飆車者僞善者
所佔據的
殺戮地帶
以及　一個老年人訴說的

悲哀地帶
陽光或風雨
也許陰霾
無奈　了無心願
冷漠走著很多數字中的一組數字

自從那年政客、漢奸聯手製造一個「319槍擊」假案，把台灣整體的族群版塊裂解成幾大塊幾小塊，至今持續再分裂中，族群殺戮的火燄似乎永不止息了！直到這地方澈底沉淪爲止。啊！誰來救台灣？誰來促成兩岸和平統一？誰來復興中華文化？只有文學靠得住，詩人是文學中之「精銳」，詩人能之，我說一個實例。

魯迅在日本習醫的時候，他在課堂上看到一部電影，是一九〇五年日俄兩國在我國東北土地上進行戰爭時，日本殺戮被沙俄軍隊強拉去幹活的中國人（同樣，日軍也強拉中國百姓去幹活），當眾斬首示眾。被殺戮的是中國人，四週一大群看客也是中國人，可是一個個都木然地等待著，沒有表情。魯迅痛苦極了，立刻放棄習醫，他說多治好幾個這樣的國人，不過增加幾個這樣麻木不仁的看客。因此，他改宗文學，只有文學可以醫治人的靈魂，文學可以喚醒國魂，後來魯迅的文學像火山爆發了。（註一一）

一信在《車》集跋記，堅認以中華精神為內涵，就能創作好詩。余再增補，有民族精神的詩作，能治人之靈魂，喚醒國魂，喚醒民族英魂，吾輩詩友共勉之！

註　釋：

註　一：王幻，「襄陽老：贈《牧野的漢子》作者一信」，中國詩刊，第三期（出版年代不詳）。

註　二：向明，「詩的牧野：讀一信的《婚姻有哭有笑有車子》」，《車》集，頁一一四；該文另發表在中央日報副刊，民國八十四年十月十日，第十八版。

註　三：一信，《車》集，頁五－八。

註　四：同註三，頁二九－三一。

註　五：同註三，頁八〇－八一。

註　六：同註三，頁四一－四二。

註　七：張春榮，《一把文學的梯子》（台北：爾雅出版社，八十四年十二月廿二日。）

頁一八五—一九四。

註 八：「路燈三式」，同註三，頁九九—一〇三。

註 九：同註三，頁八三—八四。

註一〇：同註三，頁九〇。

註一一：曾彥修，《魯迅嘉言錄》獻詞，《炎黃春秋》第四期，二〇一三年四月，頁八七—九〇。

第九章 《一隻鳥在想方向》

——隨筆一：批判主義的鳥

自從父母給我身體生命，已經當了六十幾年的「人」了，可以說「人的歷練」夠豐富了。也見過無數千奇百怪的人，而以文壇這個領域，也不知讀過多少作品，從傳統的《西遊記》、《封神榜》、歷代作家詩人；到現代各類作品，年青時也愛倪匡的科幻小說，武俠更多了，臥龍生、古龍、金庸等，滿足了空虛的心靈。

年紀稍長，開始會思考作品意涵與作家的連接關係，古龍的小說爲何只有「友情」？沒有愛情和親情！原來他「就是在寫自己」。科幻似乎不關己，還是有倪匡的「影子」。原來所謂「客觀書寫」或「主觀書寫」，並沒有一條明顯的界線可以劃分。本書前面講到法國偉大的文學家佛祿拜爾，堅持「客觀書寫」，作品不涉個人情緒，但他的代表作《包華荔夫人》加以分析，乃是他悲慘命運的投射，藉小說發洩胸中的不平和同情。

作家也如同每個平凡的人一樣，受到所有客觀環境的影響，從小到大的學習，都在不斷的把客觀的一切「內化」到腦海中，「庫存」備用，等到有了作品的產出，必然是在「有我」和「無我」之間，只是不易有明顯分界。

一信在這本《一隻鳥在想方向》詩集（台北縣政府文化局出版，民國九十年十二月，以下簡稱《鳥》集），他的自序說，我寫的新詩作品中不會「無我」，而且有濃厚的「自我」，我相信我的詩作品中，有我的情，有我的感，有我的哭與笑、血與淚，甚至反映出真實生活、潛在意識……等等。

「文如其人」是中國文學思想的「主流價值」。因此，我讀《鳥》集，選擇與前面各章不同的「入口」，從「我」進入，賞讀一信。寫作方法上採用輕鬆的隨筆，不加註釋，減少其嚴肅性，本章賞析第一輯「失樂園中一團火燄」。

一、一隻鳥在想方向，想著這輩子

自從上個世紀神州大地連續幾十年之紅羊浩劫，導至無數的鳥兒漂流到一個南蠻孤島，又過了半個多世紀，此期間眾鳥經歷無數劫難，自不在話下。

許多勇敢的鳥都在島上闖下一片天，包含筆者的上一代也是了不起的鳥兒。其中一隻也很有智慧又勇敢堅強的鳥叫一信，他可謂歷盡滄桑，做過很多的工作，但最重要的，這隻鳥成爲一個詩人。所以，這隻鳥不是普通的鳥，而是一隻九頭鳥。有時是一隻魚，優游於詩海；或成巨鯤，身長千里；乃至大鵬，一飛萬里。這位變化無窮的詩人，對他的國家、民族、社會，都充滿著很高的使命感，恨鐵不成鋼，他有話要說。

亟欲飛翔卻張不開翅膀
張開了翅膀又遺忘了飛翔
展開飛翔又失掉了方向

鳥在想　反覆的想
是鳥該棲息在島身上
還是島該棲息在鳥的翅膀上
或是兩者該繾綣而孕而產
而生命而歷史

鳥演算方向 以
鳥與島 島與翅膀 翅膀與冥蒼
交互演繹 歸納 重覆交互
豁然發現 遼闊就是正確方向

「一隻鳥在想方向」
中央副刊 八十八年元月三日

這隻鳥想的不止是方向問題，而是這輩子的回顧和反思，原來九頭鳥也有難解的習題。「鳥」和「島」的相似與矛盾，讓人產生很多困惑，這正是「台灣問題」，找不到方向！「淡水夕照」映出生命夢思，「遊故宮」民國一個踉蹌跌至……，想要追尋理想，手腳都不聽使喚，一隻腳向前走，一隻腳向後走，雙手只能用於打恭作揖……玩不下去了！「辭職紀事」，「死火山」也要爆發，再想想，人生如戲，「龍套」每個人都是「跑龍套的」！有機會「邀李白酗酒與酗詩」，也人生一大快意。

這首詩屬結構嚴謹的三段論法，從困局——思考——找到正確方向。語言上詩人力求創造新穎詩語言，表達新思維，運用詩人自創的「新美學技巧」，讓一隻鳥詮釋他的生命歷程。是故，吾人賞讀此詩，這隻鳥並不單單找尋正確的方向，還要在詩創作上再突破、再進上乘，要「創造新穎詩語言並不涉及晦澀；表達新思維、新美學技巧卻不涉怪誕。」

> 他們穿了很美的衣服來這裡脫／他們脫了很多尊嚴來這裡標賣　「電視機也瘋狂」中二句
>
> 深夜／我滿身都是蚊子的細胞／叮電視　叮電腦／叮書　叮詩／狠狠地從它們身上吮吸鮮血／／天明／蚊子滿身全是我的細胞　「蚊子與我一國」部份
>
> 死亡或未死亡皆係死亡／祇清晰記得：白色之霧以深黑／將陰陽兩度的空間合為一甃　「濃霧之黑」末三行

所以，這隻鳥是很用功的鳥，思考人生困局之突圍，思考新詩美學技巧。還有，他也探索國家、民族、社會種種問題，批判黑暗貪腐，頌揚光明美善。再進而，他是一隻富有春秋大義之鳥，他經常眼睛睜得大大，在天空鳥瞰細察，凡有橫行霸道之惡徒，誓言必裂而食之，以維護社會的公平正義。了不起！這是一隻九頭詩鵠！

月亮兀自冷漠亮著
星子橫七豎八掛著
氣候將寒未寒　天色要黑未黑
我踞桌而坐　置一瓶烈酒
定眼瞪著一盤素來橫行的螃蟹
暗自發誓：必裂而啖之　以解
心頭之惡　之怨　之憤慨

「秋天啖蟹」乾坤詩刊第十五期
八十九年十月

只不過吃螃蟹，吃成這樣子，可見這隻鳥對黑暗勢力多厭惡！對強者橫行多憤慨！這是一隻批判主義的鳥，比立法院、名嘴那些八卦批評有水準多了。寫詩、批判性創作，是這輩子最該做的春秋大業。

二、一隻批判主義的鳥

一信外和內鋼，是非分明，痛恨一切罪惡，給人的形像是「儒者風範、謙謙君子」（引落蒂語）。但若內外整體論之，則是一個「揮霍功利於狷介／匿狂傲在謙和中」（「擎自己如一面旗」詩句），一個「牧野的漢子」。我想，一信若早生幾十年，他可能就會是現在我們紀念的黃花崗上第七十三位烈士。

他現在雖化身成一隻鳥，本質（基因）是不會改變的，不論明批、暗批、反諷、詼諧，都有強烈的批判性，如「抽風機的風」詩，「瘋進瘋出地嚷著要抽掉／無聊無恥的思想／有傷害性的語言、險惡的籌謀……抽風機卻被風抽走了。」抽風機是很平常的題目，創造出不平常的語言句，產生新意象，不難理解這是批判政客嘴裡吹出毒害全民的風。最有趣是末句，暗喻政客被自己搞垮了，因損人終是害己。而「社會」一詩，是對全台灣社會的批判，深值全民反省深思之。

老是到處看見

狗的眼睛　狗的尾巴
蒼蠅盤據在大家需要的食物上
文字變成蚊子　到處飛著
找尋能夠吸到的血
鳥不飛翔　被養著學人說話
——照著那人反覆地說相同的話

中央副刊　八十八年元月廿一日
五月詩穗　八十九年六月出版

這是一首現代台灣社會怪（惡）現狀批判詩，在形式排列上詩人故意亂排，可能爲彰顯社會之亂。而語言新穎，意象鮮明、意境、畫面、思想則相當完整統一。

老是看到狗的眼睛、狗的尾巴，這應該是古今中外所有各種社會很普遍的現象，只是台灣比較嚴重，「蒼蠅盤據在大家的食物上」就太可怕了！全民賴以維生資源，竟被蒼蠅盤據（控制、綁架），全民豈不走向死路（餓死或跳太平洋，陳水扁曾說不想活的就去跳太平洋！）這隻蒼蠅是誰？筆者之見就是「台獨」。

「文字變成蚊子」構句太詩太神太妙了！台灣所有媒體，不論平面紙本傳播或電子媒體無所不在，散發出來的文字都變成蚊子，傳播惡毒思想和身體各種病毒，毒害全民，還吸人民的血。但是，請注意！台灣所有媒體中，有三分之二是獨派媒體，三分之一是統派，是故台灣並沒有公正媒體，政黨和媒體在本質上是一國的，利益共同體的「相互包養」存活，其中的每一個別份子才得以取利。而不論政黨、政客或媒體，都爲政治利益不斷進行「造神運動」，以吸收信徒，反覆說著相同的話。這種專佈惡毒思想的媒體，以「自由時報」集團爲代表，他們是台獨的外圍組織，專搞族群分裂。

「社會」一詩真是寫得太詩太奇太高明了，道破台灣的兩大亂源，「台獨」和「媒體」，這兩隻可怕的魔暹早要搞死台灣，有此二魔存在，我看不到台灣的希望、前途何在？台灣的天帝教首席使者李玉階老先生（名導演李行的父親），說過「台灣的前途和天帝教的前途都在大陸」，這真是真相、真理！另一首「戴面具投票」也是力道強勁的政治批判詩，抄部份段落共賞。

投票去　去投票
選一隻狼　為我們照顧雞群

選一隻虎　在此處為王
選強力膠製成的糖
　甜甜地黏封我們的嘴
選出繩索　綁我們手和腳
……
投票去　把票
投成無數的鈔票
在太陽下滿天飛舞
投成飛彈　在嘈雜的驚悸中
　從頭上嘯吼飄過
……
向媽祖許願　我們投票去
……
為何？我們這些人
都戴著不同面具

鈔票面具　物品面具　黨政面具
意識面具　情緒面具
到各個不同的投票所
投票　投不同又相同的票

乾坤詩刊第十期，八十八年四月出版

這是一首朗誦詩，一信曾於八十八年「迎向八八詩歌朗誦會」，當眾「教育」過文壇諸君。「選一隻狼　爲我們照顧雞群」，真是神來之筆，詩意固然批判選舉變質，也在質問人民，讓人民反省，畢竟狼吃雞只是本能，何況狼是人民自己用票選「請」來的，請來綁住我們的手腳，封住自己的嘴巴，人民是不是比豬還笨！「槍聲響後不知道什麼」一詩，是批判社會治安惡化及官吏的無能，我不得不敬佩這隻鳥，據聞他學歷不高，政治、社會學智慧卻在一般水平之上。

三、情慾、反諷、詼諧的趣味詩寫

鳥同人一樣，不能天天搞批判，鳥也要吃飯、要生活，要傳宗接代。詩寫情慾交融的過程如「失樂園中一團火燄」，到了靈、肉、身、心的合一，這是一種境界。而「裸身婦人」，透過結構與解構手法，論述女體之功能，「婦人一裸身／魅力噴射出激動因子／有火、有電 烈奪目之彩」，一切雄性生物便都無法抗拒這種引誘力，這兩首詩都必須經由實證去檢驗真理，再發揮豐富的想像力，苦思新穎詩語言，才能點燃「一團火燄在枕褥間焚燒」，創造一幅超現實、超滿意的性愛畫面。反諷、詼諧又有趣以「尾巴」和「帽子」爲代表，賞析「尾巴」。

古往今來 大家都說
人 絕對沒有尾巴
我卻看見很多很多有尾巴的人

有人為求特別利益
或為求得好職位
像狗一樣直搖著尾巴

有人為了要爭得好處
或爭贏一件事
兩隻貓般對峙著豎起尾巴

有人學駿馬甩尾巴
有人如狐狸藏尾巴
有人像孔雀炫尾巴

我親眼看見
很多很多的人
都有一條很透明的尾巴

乾坤詩刊第八期　八十七年十月

妙啊！這首詩，寫盡人類社會在大叢林中爭名逐利的種種醜態，這必然是詩人一生所觀察的實景，加以形象化，以他「不刻意避諱直敘與舖陳及口語入詩」，如「像狗一樣直搖著尾巴」詩句，那樣的直接、白話又震憾人心，叫每一個讀到的人，除了會心一笑也心頭一震！另有一頂「帽子」亦有同工之妙。

你搶皇冠　他要烏紗
人人喜歡高帽子
可是大家卻很怕被扣上
大帽子　紅帽子　白色帽子
黑色帽子　或綠帽子

搞活動用帽子
運用的妙　無往不利
整人用帽子
扣得很準　厲害萬分
看著帽子　摸摸腦袋

不知是鴻運當頭　嘿嘿
還是大禍臨頭　嘿嘿
你們去變你們的帽子戲法
我可不能拿腦袋給你們玩

乾坤特刊第十一期　八十八年七月

雖是白話詩，詩意卻比文言深遠，把一頂帽子不僅寫得活靈活現，且透露出人性中很詭異奇妙的一面。據動物學家對猩猩、非洲野犬等做過長期研究，牠們也懂得利用「尾巴」和「帽子」兩種工具性手段，在團體中獲利謀求生存，只是牠們並沒有人類社會來得複雜、高明。故人類之會善用「尾巴」和「帽子」，應是得自「祖先」的遺傳基因。

但人類終究是比猩猩進化超過五百萬年的智慧生物，在「尾巴」和「帽子」的運用不應停留在五百萬年前的水平。我們有文明、有文化、有法律道德，尾巴和帽子的運用應該是達到藝術、道德、人格的境界。

關於「紅帽子」的運用，中外古已有之，通常視為一種「作戰工具」，用來消滅對手、政敵，效果奇佳。不論對手是聖人、清廉、帥哥、美女，設法讓他載一頂「紅帽子」，立即「豬羊變色」，成爲過街老鼠。

「尾巴」和「帽子」兩首詩，有濃厚的批判力道，氣氛詼諧有趣又有幽默感。許多人都在用「尾巴」和「帽子」謀取利益，這隻與眾不同的鳥說，「我可不能拿腦袋給你們玩」，他自有主張，他走自己的路。

四、生命歷程的昇華與圓滿

一隻鳥在想方向，想存在的意義，以出世的冷靜觀察入世百態，有黑暗貪腐批判之，有不良生態陽光之，有光明正義頌贊之。鳥亦不忘自己修行，提高自己層次，追求生命歷程的昇華，以期人生更加圓滿。

「冰雪三弄」是鳥走過青、壯、老三個生命階段。「歲月在流」和「輕喟台北狂叫台北」都是生命歷程的反思，這輩子「江漢子弟台北老／中原子孫台北終」，「去這裡到那裡　返原鄉　走歐美／最後仍是思念台北回到台北」，「現在我老了　在台北／不久未來我死了／也一定是在呼吸了無數空氣／吐出最後一口氣生死相連的台北」。眾生皆畏老怕死，只有這隻鳥「以死爲鄰並以死爲友」，如此自在的面對死亡，這是一種修行，也是一種人生的境界，佛法所言的人生包含前世、今生到來世，今生告終只是人生一個階段的完成、結束，是另一個階段的開始。所以，這隻鳥說：「老了真好」。

颳過風　而風已息
談過情　而情已遠
飄過煙雲　而煙雲已消散
於將瞑之眼角中　隱匿自己為
不再飛揚之微塵

生活洪流中浮沉過
命運波濤上起伏過
生存荊棘中衝撞過
是非泥沼中深陷過
情感漩渦中捲入過
死亡邊緣處往返過

如今　自豪於
一身傲骨　兩袖清風
三四好友喝茶談天說地
五六同伴朝起運動舒暢筋骨
七八袍澤偶爾團聚歡敘　每感
九分滿足　十分欣慰

任皺紋在臉上開花
任老人斑在額頰身臂結實
而我朗笑在夕陽下　彩霞尾
享夜之安謐　心的溫馨
深感　能夠老　真好
老了真是好

榮光周刊　八十八年八月三十日

真的，能夠老，真好。眾生芸芸之中，有尚未出生就走了，有出生而來不及長大的早逝，有成長中未及壯老就成了「先行者」，有很多是「不能夠老」的人。此雖各有天命，按佛法理論，也涉及每個人的「業」，乃至累世之功德、福報、罪行等都有關係，吾人並非全能，不能全知。

或就算活到很老很老，只不過「吃」到很老，了無一點點成就，對國家、社會雖無害，也談不上有一絲助益或貢獻。這樣的人生，也難以朗笑在夕陽下彩霞尾，說不出「老了真是好」這樣的話。

一信這首「老了真好」，於民國九十三年二月四日，在新店劇場舉行新書發表會時，現場感動許多人，共鳴於詩人自由自在的心靈生活。

一隻鳥在想方向，也在修行，事實上不知道已經修行了幾百年幾世了，才修成一個詩人，一個可愛的詩人。「孩子們在鐵籠外指指點點說：／「嚇！是老虎啊，會吃人的」／「不吃人了，讓大家看的」，莞爾而笑，體現詩人活潑、幽默的赤子之心。「岸」一詩也是很有境界的。

鳥是翅膀的岸樹是鳥的岸

雲是風的岸雨是雲的岸
……
一首詩是一處岸
讓我進入一片心靈的故鄉
……
詩 好的詩 創作好的詩
才是我真正生命的岸

葡萄園詩刊第一四六期
八十九年五月十五日出版

《鳥》集第一輯的四十三首詩，多數已彰顯了一信在自序說的，創造新穎詩語言，表達新思維、新美學技巧。以下的二、三輯也同樣精彩。

第十章 《一隻鳥在想方向》

——隨筆二：仙聖佛鬼及其他

當我們針對一個詩人進行較多的研究，閱讀過他的大多數作品後，對詩人及其作品會產生「形象化」，人們開始針對形象風格，給詩人一個定位（雅號）；從雅號稱謂，就聯想到詩人形象、作品內涵等。

以吾人較常聽聞的台灣詩壇，周夢蝶人稱「苦僧詩人」，亦雅號「孤獨國主」；覃虹譽稱「李清照第二」；陳秀喜因德高望重尊爲「姑媽詩人」；張默則是「詩壇總管」；范揚松是「企業家詩人」。涂靜怡早有「愛國詩人」之美名，而台客可能「台客」就夠了，不必有其他。

本書研究的主角，詩人一信先生的作品，不敢說全部精讀，至少六七成精讀，其餘至少也略閱，除非他尚有未公開秘藏於室者。但我至今卻仍不知道如何定位一信，找不出一個名實相涵的名詞。江浪先生說的「孤絕詩人」，名相、意涵亦不適合一信。我的看法是，「傳奇詩人」或「九頭詩人」較合形像。

思索解剖一信性格和詩風，隱約涵富唐代四個詩人的四種形象：李白（仙）、杜甫（聖）、王維（佛）和李賀（鬼）四者，此四人的四種性情詩風，仙聖佛鬼四個意象風格，在一信作品中都有，先簡略說明四個詩人代表意象、形象的意義。

詩仙李白，豪無疑問的浪漫派或浪漫主義詩人，浪漫主義最重要的特徵是抒情、豪放、大膽、隨性，追求自由並充份表現個性。作品內涵則以情感和想像代替理智和觀察，追求真和美，善則其次，因美的已是善的，他是中國詩壇上的神仙。

詩聖杜甫，亦無疑的寫實派或寫實主義詩人，寫實主義的特徵是不耽於想像力發揮和情感詠嘆，喜歡冷靜觀察社會現狀、民生疾苦，創作詩化的「寫真」。詩人直下承担國家、民族的種種問題，爲廣大苦難的人民抱不平，他是中國詩壇上的聖人。

詩佛王維，山水田園詩派，他的詩最大的特色是蘇東坡所說的「詩中有畫、畫中有詩」，他也是畫家，他自己說「凡畫山水，意在筆先。」詩畫都「重意」，如佛在靈山拈花。王維善於寫景，石、水、花、鳥，都顯現各自優美的生命。從一首詩看出一幅畫是王維的拿手，他是中國詩壇上的佛，他也皈依佛教。

詩鬼李賀，現實與浪漫並舉，他的詩是嘔心瀝血的藝術結晶，方法技巧上力求另闢蹊徑而努力不懈的詩人。其作品構思奇特，深思新穎，詩語言新奇，這種苦思和創新精神和一信最相近；而豐富的藝術想像和鑄鎔詩語言的能力，每個詞句都不放過錘磨的功夫，一信也頗爲神似。李賀在中國詩壇上，有「鬼才」雅號。

關於李白、杜甫、王維、李賀，他們的人生歷程、作品，有無數文本可以參閱，本文不再舉例。

一信《鳥》集第二、三輯，有詩五十餘首，約略以其形象、意涵，按前述四種風格分類：

△**浪漫意涵**：飛越舊新世紀之鯤鵬、一個男兒、退休劄記、深夜、擁雲入懷、深夜醉遊長街的男子、番茄、吟詩的蛙、我是魚　優游於詩海、石頭三題。

△**寫實意涵**：長安　長安、乘機、那老人蹣跚走過、老兵悲冬、與颱風約會的那天、出氣嗎。我們要活下去、選舉之風、六月雪研究報告、椅子、座位、水泥叢林中的禽獸。

△**畫意鮮明**：寫詩、海不誓山不盟、海的形象、四季小描、月夜尋找自己、石雕、花燈、風中荷葉、月亮的話、那夜到基隆港。

△**苦思新奇**：冬天之風、冬晨有霧、垂釣、桌子、汽車、馬桶、榴槤、擴音器、碗

說、牙刷累了、門、螢火蟲、井已隱身於歷史。

一、李白風：浪漫主義意涵與形象

浪漫主義者神思通航三界廿八重天，自由無限，充份展露個性才情，且大膽、豪放、抒情、浪漫。不論人生經歷怎樣苦難，終究能將自己解放，徹底解放。如「飛越舊新世紀之鯤鵬」一詩，「吁一口長氣　我已／自二十世紀脫身而出／偶返身回顧　那些如／蟲豸咬我啃我　鍊索捆我綁我……抗日戰爭殘害我　流離我……廿一世紀之凌晨　初夜／古稀將愉快成一次高潮」，終於：

我是古稀之鯤化身之鵬
展翅於四海於詩於文於
科技之上　月球火星之上
於新世紀的友情愛情太空

詩人把自己解放了，一切都放開了，政治軍事社會是已拋棄之瑣事，城鎮成爲詩人把玩的玩具模型，「無論偉大或渺小　我／終將消失於這新世紀」。回顧這一生，能自豪的是「一個男兒　在詩中傲然狂笑／笑自己不斷不斷夢遊／在污濁之溝浪中凌波夢遊」（一個男兒）。浪漫詩人都愛做夢，李白的夢最多。

「退休劄記」像是李白被政客逼迫離開長安，腰彎了很久，頭低了很久，是現實主義的須要。現在「挺直　彎曲了很久的腰／抬起　低了很久的頭」，就成了浪漫主義，這也要「有種」有個性才行。自由了！解放了！你才能「擁雲入懷」：

清晨　雲由足下昇起
在胸際舒卷　潔白
綻放我肉體中花朵

日正當中　生命之青空
碇泊的雲絮燦笑
映陽光歡欣成滿天彩霞

黃昏時分　撫鬢髮為雲
任妳飄過千山萬壑歷千情萬劫
如今　我擁抱入懷
將入夜鬱暝擁抱成深宵溫馨

乾坤詩刊第十九期　九十年七月

這首詩以一天中的早、中、黃昏三時段，用與雲遊戲的意象，展演一天的自在，生活之悠閒，很多人說「人生退休才開始」，吾深有同感。詩人清晨在公園散步，雲在胸中舒展，在身心裡開花；中午賞雲在青空燦笑，黃昏擁雲入懷，晚上溫馨好眠，這是一首意象寧靜的小詩。最有趣是「吟詩的蛙」，反諷之餘，彰顯詩人的幽默和創意、創新的功力。

一隻青蛙挺著大腹
得意地　大聲地　不斷地
閣閣閣閣猛叫

溺水死亡的屈原與李白魂魄
聞鳴聲疑惑問道：
他究竟在鼓噪什麼

一隻蜉蝣鄭重地說：
他在吟詩
我正要寫一序列評論推介

這首詩在詩壇上引起很多共鳴，但鳴者都只在「諷刺」這個層面，確實，現在阿狗阿貓把幾行字並排就叫詩，也稱詩人，張三李四都能寫詩評，尤其很多網路詩更讀不下去。詩人憂詩壇的不正常發展，以幽默開示之。但我讀此詩，覺得還有更深詩意、意涵藏於文字之外。

第一、以李白、屈原之仙神大家，竟聽不懂現代詩，原因有（一）現代詩能不能成爲中國詩的傳承，即未來能不能成爲中國文學史的一部份？尚有爭議，還要努力。（鍾鼎文先生有此一說）；（二）我們寫的可能不是「中國現代詩」，而是西方的，故李白、屈原不懂；（三）那隻蛙只是張三李四，不懂詩，也不是詩人。

第二、居於眾生平等、謙卑和尊重之意義，一切眾生都有權利（力）用自己的方式發聲，只要不干擾到別人。蛙真的在吟詩，只是人類聽不懂！

第三、層次最高的佛法思想，認為「無情」是人類以外的山河大地、飛鳥走獸、星空江洋等，都能給人很大的啓示或教育意義，這是一種修行境界，只有少數人能有這種感受和感動。按此，那隻蛙已不僅僅是在吟詩，可能也在講《心經》或《金剛經》。

世間亦有不鳴的蛙（不吟詩），吾國山東省濟南大明湖有家喻戶曉的四怪：蛇不現、恆雨不漲、久旱不涸及蛙不鳴。此四大謎亦源自吾國詩壇，明末大詩人王象春在《齊音・大明湖》記載：「湖在城中，宇內所無，異在恒雨不漲，久旱不涸；至於蛇不現，蛙不鳴，則又誕異矣。」該文至清代又收錄在《曆城縣誌》中。

隨著科技發達，謎題慢慢有解。「蛇不現」是因大明湖水鳥很多，鳥類是蛇類的天敵，故蛇難在湖中生存。「恒雨不漲」因大明湖出水口多，「久旱不涸」因湖底火成岩，質地細密令湖水不能下泄。只有「蛙不鳴」之謎，至今無解，不鳴即不吟詩，好可惜！

「深夜醉游長街的男子」和「我是魚　優游於詩海」，都充份展露浪漫、自由的詩風。而最有個性的是「石頭三題」之三，「我是石頭你要怎樣」，三行微型詩。

我是石頭　就是這樣子
你要怎樣？你要怎樣！
你　要　怎　樣　？！

李白本有機會當大官，但他的隨性、自由、個性，政客和皇帝都受不了，只好離開長安，過著漂泊的生活。「萬里無主人，一身獨爲客」（淮南臥病書懷），「我本楚狂人，鳳歌笑孔丘」（廬山謠寄盧侍卿虛舟），及「與爾同銷萬古愁」、「牀前明月光」等，無不創造了藝術的鮮明形象，雄放無比的風格，成爲中國詩仙、浪漫主義的作品之經典代表。你讀一信的眾多詩作，是否發現有這樣的影子和味道？

二、杜甫風：寫實主義意涵與形象

寫實主義者作品、思想之意涵和形象，關注國家民族之興衰，憂心社會動亂給人民帶來的苦難，尤其痛恨豪強勢力壓迫弱勢者，更將心貼在社會底層廣大的子民群眾。但也只能藉由詩歌，抒放愛國愛民的狂熱。在《鳥》集二、三輯作品中，如「與颱風約會的那天」、「我們要活下去：我們在八掌溪洪流中吶喊」、「選舉之風」、「六月雪研究報告：兼致竇娥女士」，都是此型風格，帶有強烈的批判性，對弱者的同情，對掌權、統治者的棒喝。「那老人蹣跚走過」是戰爭苦難的延續。

遠遠地那老人蹣跚走來
樣子很累　身上很髒　眼色很苦
穿著抗日　剿匪　保衛大台灣的軍服
這軍服黏身黏皮　黏肉黏骨　甚至黏血黏精
他脫了幾十年都無法脫下來

那老人蹣跚走過　背影淒涼
祖籍揹在身上　住所與用具拎在手上
看法及想法寄放在鎖他之無形鐵鍊上
每個人都知道他走向那裡

他自己卻似無所知　蹣跚走著
那老人走遠了　消失看不見了
他走過之處留下深淺不一的腳印
印痕裡有濃稠的淚　更多血
——已黑色了

這是多麼深沉的控訴！多麼沉痛的吶喊！這是一首「老兵籲天錄」，那老者是誰？顯然是一位「革命軍人」，革命軍人多的是，從五星上將　蔣公、四星上將郝柏村……到兵、卒都是，但這老者是誰？許多人一定知道，另一首「老兵悲冬」又是誰？

冬天　老漢子單身風中站立
嘴裡吞風　眼中飄雪
凜寒從腳底的路走上多皺紋之額

深冬　老漢子孤身走來
空無所有的手想在寂寥中抓住點什麼
且用脈管測試社會溫度及自己鬱卒量

寒冬　老漢子返身疾奔
踩著自身皺紋上的痛　家族缺血之傷
想從起點上用鹹苦的血汗買回些尊嚴

酷冬裡　那老漢子終裸身而去
什麼不要什麼不管卻仍然不自己
祇賸咬緊的牙不停地切齒

乾坤詩刊第十八期　九十年四月出版

沒有以天下爲己任，先天下而憂的使命感，沒有悲天憫人的胸懷，如何寫得出這樣的「籲天詩」。許多老軍人（尤其階級較低的），幹了一輩子軍人，退伍後因未成家，成了單身流浪漢，但軍人習性已深入他的骨肉，讓人一看便知他是軍人出身，故說「軍服黏身黏皮」。

我們讀杜甫的詩句「朱門酒肉臭，路有凍死骨」，及「君不見，青海頭，古來白骨無人收」等作品，雖不同主題，但那情境、意象，多麼相似！古今以來戰爭成爲「常態」，成爲民族「進化」的工具，但多少兵卒的血！多少百姓哀嚎的淚，寫實主義詩人抱著愛國愛民的熱忱，卻有著生命熱血無處拋灑的喟嘆。另一首是很嚴厲的社會批判，「水泥叢林中的禽獸」。

水泥叢林裡　出現了許多
兩隻腳的兇犬　脫了毛的禿鷲
以雙腿奔逐結伙嚙人之豺狼蛇豕
稱人而無人性　似獸又無四隻腳
兇殘暴戾卻遠超禽獸
這群無毛禽獸　有嘴

用以呼伴結群作惡作孽
有手　用來毆鬥偷劫殺戮　作壞事
有眼　看酒色財氣賭詐騙　不看神
也有裝閉著　什麼都沒看見

現代　為何有那麼多的
禽獸？那麼兇殘的禽獸？
以及　放任禽獸的禽獸
猖獗

很明顯的，這是針對台灣社會的批判，嚴厲的控告，台灣社會爲何禽獸特別多？這有很多層面的問題，頂層、中層、底層；政治、經濟、文化、歷史，都能「切開」去分析。但我自己的深入研究，台灣社會的「禽獸化」，從台獨思想流行開始，這種思想像可怕的「禽流感」，毒化無數人心。也許你會說「台獨份子」也沒多少！君未聞「一粒老鼠屎壞了一鍋粥」嗎？只要台獨思想存在台灣一日，台灣就是一個「無恥社會」，即禽獸社會，紅衫軍高舉一個大大的「恥」字正是此理。吾國先賢說：「禮義廉恥，國之四維，四維不彰，國乃滅亡。」

當一個社會無「恥」了，能望其存有禮、義、廉乎？一個社會無恥之存在，便是禽獸社會，這種社會請觀世音菩薩來當家，也是無救，因爲人必須自己才能救自己。

二、三輯尙有對社會現實、怪現狀的批判，如「椅子」、「座位」都是。寫實作品都是以求「真」面對人生、社會的一切問題，這是最真實的歷史，杜甫的詩被稱「詩史」。打開一信每一本詩集，很多寫實詩作，這是中國現代史的一部份。

三、王維風：詩中有畫、畫中有詩、意在筆先

王維作品風格，有「詩中有畫、畫中有詩」的鮮明美感，而「意在筆先」的禪宗思維，以心傳心，意在言外，則是著重意境的象徵。他尤其善長五言小詩，以極少文字捕捉霎那完美而成永恆。

在《鳥》集中，有此型詩作亦不少，如第一輯中的火山、死火山、雨中日月潭、失樂園中一團火燄、一隻鳥在想方向、冰雪三弄、濃霧之黑、岸、鏡照世界怒臉而碎，均是。今以第二、三輯爲品賞範例。

二、三輯此型作品如：寫詩、海不誓山不盟、海的形象、四季小描、月夜尋找自己、石雕、花燈、那夜到基隆港，均是，或詩中畫面鮮明，或寫意爲上。賞讀「寫詩」，一種「意」之靈動。

溪中潺起琴聲簫聲
火中焚起囂聲吼聲
天上飛揚古歷史上粉碎的血肉
風被埋葬於紛紛落下的枯葉心中

我脫下成見、文法在詩中泳泅
但仍覺牽絆　於乃
再脫光理論、邏輯　甚至閱看、建構
裸身翻滾　長拼短衝

詩掀起波濤淹覆我　且譏笑：

你脫不掉皮膚
也脫不下血管
更脫不掉頭髮及骨骼

我傲然乃將　枯草心上的風
飛揚之歷史血肉　火中的囂聲吼聲
溪中的琴聲簫聲……全穿在身上
憤怒地　凌波而行

這首詩純悴是「意」之運動，針對自己腦海中的一種意念，在起心動念間，進行著思索的「內部研究」。思索怎樣能夠寫出一首最好的詩?第一段意念之動，如水聲、火焚、風暴，進出古今歷史，找尋詩的題材，第二段「意」之構思，把所有成見、文法、理論、邏輯等全部揚棄，「裸身翻滾」回到自然、原初之本能；但這還不夠，詩活成一個人，且譏笑創作太多成見，詩人只好擺脫一切制約，丟掉一切框框架架，與風合身，與歷史、大地、草木相融，是謂「物我合一」，這便是司空圖廿四詩品之飄逸、自然之說。「不涉理路、不落言筌」，寫意之上品也，王維所言「意在筆先」，畫家常道「意到筆不到」，大意即如是。

「寫詩」一詩雖是腦中「意」之運動，但迷離之意境，鮮明之意象（如溪潺、火焚、脫光理論、詩且譏笑、凌波而行），也似構成一幅超現實畫面。

另一首「月夜尋找自己」，名詞太多，意象顯得不夠鮮明，使得畫面有些雜。「四季小描」的春夏秋冬，像王維的小詩（五言）情境，一詩一世界，四幅美麗的四季美景，**「春：晨浴後碎步跑來的小愛人」**、**「夏：我的情婦」**、**「秋：我的情人」**、**「冬：白髮情人」**。此四者，小愛人、情婦、白髮情人，都是「心跳意象」，也適合季節情境。美中不足的，「夏　我的情婦」和「秋　我的情人」，沒有產生差異性，「情婦」和「情人」有何差別？若把秋「我的情人」改成「我的小秘書」或「我的小秘」或許好些！另一首創意、創新十足，思維邏輯都是前所未有的新穎，詩中畫、畫中詩都很鮮明，讀「海不誓山不盟」。

海

水從情海中騰身昇華而出
仰天浩瀚地笑了
不再有蛟龍盤據
不再受魚蝦騷擾
讓情海囈語在浪濤中
翻滾成泡沫水花
置身　於無雲的藍天
無牽無掛進空於了無

山

塵土由山中長身遁出
高高浮遊於結不住盟的風中

不再被壘壘巨石堆壓
不再有樹木鳥獸侵擾
讓摯情溶解在
堅硬石塊成灰過程中
不牽不掛不凝不晶
了無於空於虛於無形

這首詩在思維邏輯上的顛覆和新創，我敢說前無古人，當代未有，來年必有仿製者；再進而，有按此臨摹、學習，再創新之後生。

這首詩推翻了山和海古今習以爲常的固定形象，只能說山也累了，海也累了，山和海都想要解脫，脫除傳統背在身上的責任和壓力，要去追尋自己的夢想。

在詩語言運用方面，形象凝練，動詞產生動感，妙趣橫生；而象徵性又深又遠，如水騰身而出、土長身遁出、蛟龍盤據、鳥獸侵擾，都是顛覆性動感，高明的詩語言。遠枚在《隨園詩話》說：「一切詩文，總須字立紙上，不可字臥紙上。」這裡所說的「立」，指詩語言的生動、形象「躍然」紙上，而不是只有抽象、概念，了無生氣的僵卧紙上。

從解放、解脫，追尋自我的觀點詮釋這首詩，是浪漫主義的李白風，從「詩中畫、畫中詩」是王維風。但這首詩也可以從寫實主義的杜甫風詮釋之，有社會寫實的象徵性，隱喻者「幹一行怨一行」的情境。幹軍人的抱怨不自由，幹公務員抱怨愈來愈混不下去了，畢業生抱怨找不到工作，兒女抱怨父母嚕嗦，年青人抱怨錢少不結婚……反正都在抱怨，大家都想逃跑，大家都想不要負責，不要承擔。難怪，山抱怨壘壘巨石堆壓，海抱怨魚蝦騷擾，也想解放、解脫，追尋自我的理想國。這是現在的台灣，一座巨型「火燒島」，一座抱怨之島。

半個多世紀前，大陸搞文革，很多難民逃亡香港海外。當時台灣有詩人這麼寫著，「長江黃河水邊哭邊出走／山也想要逃亡」。如今，這種局面竟到廿一世紀仍在台灣上演，有大錢、大才、大能力者，都跑了！到大陸發展，留下政客和走不掉的在台灣搞「文革」！

四、李賀風：苦思、錘磨每一字句

李賀是一位想在詩途上另闢蹊徑而努力的詩人，從不放棄錘磨每一字句，構思奇特，勇於創新，這點和一信最相近。可惜他只活了二十七歲，但其人品詩品已是「萬歲萬歲萬萬歲」！晚唐李商隱、杜牧、溫庭筠都受到他很大影響，李商隱寫有李賀小傳，杜牧有李長吉（李賀字）詩序，都讚歎他的絕代才華。

因李賀只活了廿七歲，人生歷練難免有所不足，例如理想和現實、人生和藝術的矛盾，即現實又富有浪漫精神的特色，天生又有很高的藝術想像力。一信的詩作，每一本詩集都可以找到很多有「李賀風」的詩。以《鳥》集第一輯，如「失樂園中一團火燄」、「一隻鳥在想方向」、「社會」詩中「文字變成蚊子」。「冰雪三弄」中的詩句，如「溶化水涅槃　昇華氣涅槃」；「濃霧之黑」中之詩句，如「拘羈陰冥間／皆是氤氳之白醞釀爲黑」。「鏡照世界怒臉而碎」最神似，「執鏡而照　鏡被滿面憤怒震裂／臉乃映照得支離破碎……以血崩之液碎」。以及「邀李白酗酒與酗詩」詩句，「抓一撮陽光提一隻太陽烤彩霞／將香味攪和臭味成一股異味／把色情色慾在調色板上調成聖經／也許能讀成老子道德經……那知李白竟水遁了」。

以第二、三輯，如「飛越舊新世紀之鯤鵬」、「詩的語言」、「寫詩」、「海不誓山不盟」、「冬天之風」、「椅子」、「汽車」、「馬桶」、「牙刷累了」、「門」、「吟詩的蛙」等，都算是深思、苦思之作，有強烈的想像和特殊風格，造語修辭也很精煉，但把這些說成「李賀風」，筆者確有過於自圓之嫌，因爲一信每本詩集也可以找出不少苦思、錘字磨句之作。我只能說，我所謂的「李賀風」，乃取其精神，即一信和李賀有相同的創作精神。賞讀「牙刷累了」。

我真的累了
實在不想再為那
看來潔白　堅強　正直的
牙齒　再作任何洗刷了

他既攔不住不該吃的
宴席　酒肴
也阻止不了脫口而出的
粗話　混話　惡咒
騙人的話　欺人的話　冤人的話
傷人的話　諂媚的話　索賄的話
黑白不分的話　不明是非的話

再刷　也不能真正清潔口腔
更刷不清潔真正的污點

我真的感到好累　好累了

這是一首立意幽奇的詩，與「海不誓山不盟」、「吟詩的蛙」兩詩，都是構思奇特高明之作。牙刷刷牙很平常的題材，但詩人無限上綱到人的一切問題，人的問題真是太多太複雜太普遍太嚴重了，所謂「人吃五穀雜糧」，人人都是「問題人物」，多少有些問題。我常對人說，不要一直說別人的問題，其實自己問題更大，活著的人都是問題，只有死人不再是問題，因爲不會再製造問題了。

人的問題這麼多、這麼大，一隻牙刷怎能消除全部的腐敗、黑暗及其他問題，難怪牙刷感到好累，好累了！廣義說，牙刷不一定是牙刷，牙刷也許是「廉政署」或正義之士，但因黑暗勢力太大了，根本無能爲力！另一首「門」也是構思新奇。

笑　張開口
恨　抿緊嘴
生氣　抽搐　用勁抽搐
脫口而出　乃
清晨後要作的　許多許多夢……
且　揚長而去

再張口　有
歸自黃昏　之
巨人萎為侏儒
在眼色　語言　昏燈　污氣中

速食般成命盤中之　命運
側身躡入　廚房　餐廳　臥房
生　活

上班一條龍，下班一條蟲，詩語言表達即「巨人萎爲侏儒」，「門」詩三段，是城市上班族一天中的三個時段，上班、下班和居家休息，情境有趣，妙意自然。

二、三輯佳品尙多，均不再引用解說。林德俊先生在讀完《鳥》集後，他總結歸納說，偏向社會詩和生活詩，技巧上介於寫實主義和現代主義之間，而寫實色彩稍重，詩如其人，瀟灑自在又有所堅持；又說，一信一生在狂放不羈中追求著某種秩序，於現實的侷促中追尋某種超脫，詩的世界讓他一圓心願。

我閱讀《鳥》集的心得，我區分兩篇隨筆來論述，第一篇針對第一輯，從批判主義切入，成於詩人生命之昇華與圓通。

第二篇隨筆二，以二、三輯作品爲主要品賞研究對象。套用我國大唐四大名詩人的四種雅號象徵風格：詩仙李白、詩聖杜甫、詩佛王維、詩鬼李賀，及此四家詩品之形象和意涵，做爲賞析一信詩作的「比較工具」，雖未完善，至少也是一個欣賞詩人的「窗口」。

第十一章　徐志摩與一信情詩比較研究

——理想主義的浪漫主義VS務實主義的浪漫主義

正要寫本文時，某日，與年青朋友雅聚，後生「八卦」果然和我輩不同。其中一人問我：「前輩，你知道情人節和清明節有何不同嗎？」

他叫前輩二字很生硬，我知道年青一代的腦筋急轉彎很無理頭，我說：「不知道也！你說說看。」

「清明節是燒假錢，說真話，給鬼聽；情人節是燒真錢，講假話，給人聽。」他說完，現場幾位「老傢伙」異口同聲說：「是嗎？情人節不是該說真話嗎？」大家笑得前呼後仰。

確實，在我的年代，情人間的情感最真誠，說話也真實。一信在《愛情像風又像雨》詩集的後記，他也一直認爲「情詩」是最真誠、最深切的感情表達，也是最能表現出真正快樂或痛苦的感受，及能將深層潛在感情的苦與樂發掘出來的詩類。不知道台灣社會發展到現在這種情形，結果將會如何？連情人間的愛，感情都不真實了，只剩下開房間、做愛和劈腿，社會上還有什麼是真的？

一信的詩作，不論那一類，具以真、真情吸引我，尤其這本《愛情像風又像雨》，讓我看到一信先生從年青到銀髮古稀的「情史」變遷。當我思索這本詩集的研究方法時，我想到採用比較研究，對象必須和一信同樣，寫過很多情詩，最好出版過情詩集，第一個想到是我自己，我於二〇〇七年出版《陳福成情詩集》（時英出版社），幾經思索，缺點大於優點。同質性太高，幾無反差、對比，是文學上的致命傷。

再經尋找比對，決定找上徐志摩，他合乎和一信做情詩比較研究的所有條件，且是最佳條件。徐志摩在中國當代文學史上的定位，他是一個理想主義者，也是徹底的浪漫主義者已無可質疑。在本章我以「理想主義的浪漫主義者」定位徐志摩，以「務實主義的浪漫主義者」定位一信。思想決定人的行爲，因而不同的人生觀，決定了不同的人生結局。

徐志摩的情詩絕大多數寫給陸小曼（有的可能給林徽音，此非重點。），目前散落於各種文本，本章以《我是天空裡的一片雲：徐志摩詩選》，二千年格林出版爲主，輔以其他。

一信情詩文本以《愛情像風又像雨》詩集（台北縣政府文化局，二〇〇三年十二月）爲主。本集作品大多已收在以往出版各詩集中，今完整編在一起，以有系統的回顧他的愛情坎坷路。

爲免一章太長，不利於閱讀。本章區分以下獨立的五節，從五個切面做比較研究，賞析理想主義的浪漫主義者（徐志摩），與務實主義的浪漫主義者（一信），他們不同的情詩風格，及不同的人生結局。

一、苦戀相思：一樣愛情．異樣心情

自從自由戀愛的時代來臨，每個人的一生大概有過戀愛經驗，年青時的初戀時期，大多內心充滿不確定的期待感，朝思暮想的渴望是很多人的共同經驗，相思有苦有甜，只是個人面對的心態不同，但就戀愛的「自由度」而言，因環境和身份不同，徐志摩以文人身份身處民初「大解放」年代，一信以軍人身份身處戰後「大戒嚴」時期；前者是「鳥籠」外的鳥，可任意飛翔，後者是被關在籠內的鳥，二者落差很大。一信「秘密」一詩，說了坐困牢籠內的秘密。（註一）

在粉碎的時間屑中
一枚銹釘，釘入了檜木
……
我乃哭泣於美
哭泣於惘
哭泣於燃在我內的不燃之燈

詩人謝輝煌先生對這首詩有合乎時代的詮釋，「一枚銹釘　釘入了檜木」意象新穎，隱喻兩人深情植入內心，欲拔也拔不出，但障於環境、身份不能結合，只有「泣於美、泣於惘」，「不燃之燈」是說不出的苦衷。（註二）惆悵、惘然之外，相思亦苦。這種苦境，徐志摩是怎一個「您」字了得，讓他的「私語」。（註三）

秋雨在一流清冷的秋水裡，
一棵憔悴的秋柳裡，

一條怯懦的秋枝上，
一片將黃未黃的秋葉上，
聽他親親切切喁喁竊竊，
私語三秋的情思情事，情語情節。
臨了輕輕將他拂落在秋水秋波的秋暈裡，
一渦半轉，
跟著秋流去。
這秋雨的私語，三秋的情思情事，
情詩情節，也掉落在秋水秋波的秋暈裡，
一渦半轉。
跟著秋流去。

志摩在這首詩中一口氣用了十多個「秋」的意象、景象，可見其愁。秋意通常代表憂愁、蕭索的心情，一日未見情人就如隔三秋。這首詩除秋意多，用「情」也多，也是不確定性的表達，如一信在「晴雨」、「夢」、「夢之念」、「愛情像風又像雨」、也

多表達了這種如夢如幻的不確定性，這便是戀愛。同時賞讀一信和徐志摩的兩首詩。（註四）

晴雨　一信

上帝似少女、不時　笑著
暖暖甜甜地笑著
有時，惱泣著
向我感覺淋以冷流

我愛的少女，如上帝
情感對液體：降落、昇華
眩弄我於晴雨之間

我情感手指的慾望

豈小於陽光及泥土的貪婪
苦於抓不住任何一端

乃
上帝，愛人，我的情感
三位鑄成一煩惱之體

我不知道風是在那一個方向吹

徐志摩

我不知道風
是在哪一個方向吹——
我是在夢中，
在夢的輕波裡依洄。

我不知道風

是在哪一個方向吹——
我是在夢中，
她的溫存，我的迷醉。

我不知道風
是在哪一個方向吹——
我是在夢中，
甜美是夢裡的光輝。

我不知道風
是在哪一個方向吹——
我是在夢中，
她的負心，我的傷悲。

我不知道風

是在哪一個方向吹——
我是在夢中，
在夢的悲哀裡心碎！

我不知道風
是在哪一個方向吹——
我是在夢中，
黯淡是夢裡的光輝。

一信的「晴雨」表示愛情的不確定性，用了「上帝似少女」和「情感之液體」，都是一種閃息不定的意象，叫一顆心起起落落，其中還包涵性的渴望，竟成煩惱之體。苦戀必成相思，而成一種病。

徐志摩這首六段小詩體，前三行一再重復，表示始終如夢如幻，找不到方向，摸不清重點。她，到底是怎樣一個女人，溫存是她，負心也是她；使男人悲傷、心碎，連夢也黯淡了！

「晴雨」從主觀和寫實出發，沒有呈現意境之美，但有寫實的「真」。而徐志摩從客觀和浪漫出發，情境淒美，意境浪漫，反正戀愛中人像個神經病有問題的，前一秒憂愁的靈感，寫下一首淒美情詩，不久快樂得像一隻小鳥。賞讀徐志摩「雪花的快樂」。（註五）

假如我是一朵雪花，
翩翩的在半空裡瀟灑，
我一定認清我的方向——
飛颺，飛颺，飛颺，
這地面上有我的方向。

不去那冷寞的幽谷，
不去那淒清的山麓，
也不上荒街去惆悵——
飛颺，飛颺，飛颺，

你看，我有我的方向！
在半空裡娟娟的飛舞，
認明了那清幽的住處，
　等著她來花園裡探望——
　飛颺，飛颺，飛颺，
啊，她身上有硃砂梅的清香！

那時我憑藉我的身輕，
盈盈的，沾住了她的衣襟，
　貼近她柔波似的心胸——
　消溶，消溶，消溶，
落入了她柔波似的心胸！

從頭到尾九個「飛颺」加三個「消溶」，詩人的快樂和自信全回來了。還來一下性的暗示，「溶入了她柔波似的心胸！」也是一種精神滿足。徐志摩寫秋之愁淒美浪漫，憂亦浪漫！快樂自信也浪漫，寫景還是浪漫，如「春」一詩，「青氈上青年的情偶／情意膠膠，情話啾啾……秋呀！你在我懷抱中也！」（註六）無可救藥的理想主義者，無怨無悔的浪漫主義者，這是徐志摩。

一樣談戀愛，徐志摩談的快樂（他幾可為所欲為，在他身上的禮教已全部解除了。）反觀一信，早期的戀愛都是苦戀，這當然是身份、背景、環境的關係。如《夜快車》詩集上的「潭」、「晴雨」、「嘆息」、「戀、獨語」；《時間》詩集的「悵」、「初晤」、「秘密」、「赭」等，均少有快樂和浪漫氣氛，而有較多無奈、灰色、妥協，這是必須和現實處境調適的必要，只是慾念難耐，用詩消化吧！

游動的蛇／悄悄地／潛入年輕人心的草原　（「青春」第一段）

在愛情的聖燭前／我們怎能控制青春的心不撲向火的烈焰　（「蛾的情話」第一段）

這一節比較兩個詩人在戀愛過程中，他們對於愛情的滋味的不同書寫。基本上，徐志摩追求浪漫愛情是他的單純信仰，他的情詩浪漫而單純，「愛、自由、美」是他的人生三大理想，合而爲一就是追求心中的「天命情人」。

反觀一信，兩袖清風，一無所有，軍人受很多限制，退伍後顧肚子都很難，也就浪漫不起來。有情人苦，沒情人亦苦，因爲現實問題太多了。

註釋：

註一：一信，《愛情像風又像雨》（台北：台北縣政府文化局，二〇〇三年十二月），頁一一二—一一三。

註二：謝輝煌，「愛情河，彎彎曲曲地流著：談一信的愛情詩」，同註一，頁一二六—一三五。

註三：徐志摩詩選，《我是天空裡的一片雲》，總編輯，郝廣才。台北，格林文化，二〇〇〇年六月。頁一二。

註四：徐志摩，「我不知道風是在哪一個方向吹」，見註三，頁七〇—七一；一信，「晴雨」，見註一，頁廿三—二四。

註五：同註三，頁四四—四五。

註六：同註三，頁一〇—一一。

二、愛．死．生的終極命題選擇

相信很多人看過「羅蜜歐與茱麗葉」、「梁山伯與祝英台」電影，或至少聽過故事，多麼感動人，成爲流芳千代的經典之作。世上最最可歌可泣而驚天地、動鬼神的，就是這類絕對忠誠、絕對徹底、絕對執著，捨生取愛（或義）的精神，有這種性格的人，絕大多數是理想主義或徹底浪漫主義的人。若是一個詩人，通常在作品中都有強烈的浪漫風格，並對世俗拘束有強烈的批判性，鼓動大家起來「造反」（自由戀愛），賞讀徐志摩「這是一個懦怯的世界」。（註一）

這是一個懦怯的世界：
　容不得戀愛，容不得戀愛！
披散你的滿頭髮，
赤露你的一雙腳，
　跟著我來，我的戀愛，
拋棄這個世界，

殉我們的戀愛！

我拉著你的手，
愛，你跟著我走；
　聽憑荊棘把我們的腳心刺透，
　聽憑冰雹劈破我們的頭，
你跟著我走，
我拉著你的手，
　逃出了牢籠，恢復我們的自由！

跟著我來，
我的戀愛！
人間已經掉落在我們的背後，——
看呀，這不是白茫茫的大海？
白茫茫的大海，

白茫茫的大海，
　無邊的自由，我與你戀愛！
順著我的指頭看，
那天邊一小星的藍——
那是一座島，島上有青草，
　鮮花，美麗的走獸與飛鳥。
快上這輕快的小艇，
去到那理想的天庭——
　戀愛，歡欣，自由——辭別了人間，永遠！

這是一首超浪漫、超有鼓勵性的愛情革命之歌，若阿拉伯世界的婦女要取得自由戀愛權，組織「自由戀愛黨」，這首詩譜曲後成爲黨歌、革命之歌，可以鼓動天下婦女「大解放」，難怪詩人高準列爲徐志摩的代表作。這首詩可能作於一九二四年，爲陸小曼或云乃爲林徽音而作，爲哪個女子而作並不重要，因爲這首詩已經有了獨立性、普遍性價值，如我所言可做任何地方的愛情革命之歌。

這首詩已完全撇開個人瑣事而自主的表現出歌頌戀愛自由、沖擊封建束縛的普遍意義，而具有積極浪漫的精神。（註二）全詩充滿著「鼓動」氣氛，**「拋棄這個世界／殉我們的戀愛」「逃出了牢籠，恢復我們的自由」「戀愛，歡欣，自由」**，如同兩性世界的「法國大革命」，又像我們對日抗戰後，共產黨大力倡導「大解放」。事實上，極端的共產主義就是「理想主義的浪漫主義」，但都經不起檢驗，徐志摩也是，他和陸小曼結婚沒幾天，一種幻滅感就上了心頭，「婚姻是愛情的墳墓」，誠然可視爲「準真理」。

這首詩在詩語言的運用上，用了製造驚恐而鮮明的意象，如荊棘刺透腳心、冰雹劈破了頭、逃出牢籠；同時鼓動大解放的意象，如赤露雙腳、披散頭髮、無邊的自由、戀愛等，以產生強烈反差，促動情人出走、私奔的決心，徐志摩的情、情詩，無人能擋！

另一種比較務實而有些浪漫的詩人，不會鼓動情人出走、出奔，乃至「殉我們的戀愛」，頂多是期待或「遊說」。思想也必然消溶在詩歌作品中，體現成一種「務實主義的浪漫主義」風格。一信的情詩均屬此種類型，求不得的，追不到的，都只好自己承担。「我細細在夜中找尋／祇有夜霧彌漫我空虛的心」（夢）、「我生命的碧空／眾星殞落

／獨妳光輝似一輪明月」（初晤）；或找錯了對像去求上帝，「上帝，給您孩子所祈求的／您若不引你的孩子進天國之門／他終必淪落入地獄之牢的」（愛之祈禱）。或鼓舞她，「愛星星愛月亮吧／不要追求虛榮的彩虹／不要讓那痛苦的鎖鍊拘禁了妳！」（贈一少女），賞讀「玲琅曲」。（註三）

唾棄那些脂粉，那些珠鑽
那些綢緞和彩衫華服
唾棄那些偽裝給人幸福的金錢
那些刺戟快樂神經的榮耀
……
玲琅啊！小玲琅
別理它！別理它
那些：有形的都是身外的渣滓
　　無形的都是沉溺靈魂的巫咒

這必是小愛人有了新歡，而且新歡是個大款的，他能滿足女人想要的珠寶鑽石項鍊、名牌服裝皮包及大把鈔票，只要點頭就立即變身貴婦團員之一。而身爲詩人的一信，兩袖清風，一無所有，只好「火線喊話」，那些珠寶鑽石、金錢地位都是渣滓，榮華富貴會讓靈魂惰落。企圖把自己（及愛情），昇華成「柏拉圖式」的愛，或是形而上的心靈安慰，看看能否挽回女人心。

隨緣觀是務實主義者的重要心態，雖有求，不強求，求不到則是因緣不足，不能殉愛，生命還是重要的，何必愛得死去活來，愛得去跳海、跳樓。但理想主義的浪漫主義者有「勇氣」多了，愛不到，不能愛，我們就一起死。讀徐志摩的「決斷」。（註四）

我的愛：
更不可遲疑；
誤不得
這唯一的時機。

天平秤——

在你自己心裡，
那頭重——
法碼都不用比。

你我的——
那還用著我提？
下了種，
就得完功到底。

生、愛、死——
三連環的迷謎；
拉動一個，
兩個就跟著擠。

老實說，

我不希罕這話
這皮囊，——
那處不是拘束。

要戀愛，
要自由，要解脫——
這小刀子，
許是你我的天國！

可是不死
就得跑，遠遠的跑；
誰耐煩
在這豬圈裡撈騷？
險——

不用說，總得冒，
不拼命，
那件事掌得著？

看那星，
多勇猛的光明！
看這夜
多莊嚴，多澄清！

走吧！甜，
前途不是暗昧；
多謝天，
從此跳出了輪迴！

「決斷」一詩在形式上最大的特色，是以許多極短句彰顯決心、毅力，乾脆利落的態度。全詩十節，一開始表明「我的愛是唯一的時機」，重要性已不用天平秤，「下了種／就得完功到底」，「生、愛、死」是連環的，連這皮囊也是拘束，也要解脫，才是自由。「這小刀子」是指啥?不能愛在一起，乾脆死在一起?若不想死，就得遠走他鄉，只有冒險，才能掌握自己的方向。學那星星勇猛的光明，走吧！跟我一起走，從此以後才是我們幸福美滿的日子。

這就是理想主義的浪漫主義者的決斷，很恐怖的，得不到，愛不到，別人也休想得到，結果就是殉愛——兩人同赴黃泉，這也是生、愛、死的困境。但徐志摩只做二選一（愛與死）的「零和遊戲」，世上最難解的習題就是這種零和遊戲，如統獨、一神論對決（阿拉和基督）。

務實的人決不會使自己陷入二選一的零和困境，他們會有多元選擇，也懂得妥協、讓步、昇華，以取得「雙贏」。例如「生、愛、死」，死決非選項，「生、愛」好選，能愛共生，不能愛則各自謀生，頂多在詩中表述一些無奈，或把失戀昇華成文學的美，讓情緒有「出口」。

一信的情詩大多是這種困境下「出口」的成果展，「茶幾許　酒幾許／凌詩飛躍靈魂歲月　又再幾許／茶酒爲物　詩詞爲心／死生不渝?死生相許?／用愛用超然　用精緻語文／繞成馨美同心圓」（小聚陸羽雲霧間），藉酒消愁，或昇華至霧雲中，「於未來 淡淡回憶 慢慢遺忘」。除了昇華、淡忘。能做的只是一聲「嘆息」，「惆悵總被禁哭泣？／虹之彩上，乃擊我一霹雷／以 輕輕輕輕的聲音」。爲何務實主義的詩人一再進退兩難，用硬的不敢，用軟的不行，因爲欠缺「決斷」精神，才使情人如霧，「她居住霧中」。（註五）

她 居住在霧中
我看她 霧遮住了視線
等霧散——霧終於散了
卻也看不見她了

一天我身著盔甲 跨上快馬
執弓箭不顧一切衝進霧中
卻有一朵似鏡中月的霧中花
堵住路蓋住門 千山萬水變著幻著

又一天我握筆如椽　嘔詩成歌
如風似光飆竄霧中
而霧已成書成簡成裨成史
已於更濃更霾中更無影蹤

她　居住在霧中
我期待霧散　卻又衷心祈望
那霧水遠不散　因為
她居住在那霧中

這首詩除了表達情人如霧，永遠弄不清她心中想啥！她芳蹤何在？來去無影，其實是詩人內心的困境。第二段想要「硬幹」，又下不了決心；第三段想要坦白示愛，自己能力又不足，只得再矛盾下去，情人永遠在霧中，如夢似幻，自己也持續活在夢中。

反觀理想主義的浪漫主義者，有鮮明的決斷力，不會讓自己永在夢中，他會把夢變

成真實，他要「掌控」對象，不許追求的對象如夢如幻，愛必須在可以掌控範圍內。賞讀徐志摩「起造一座牆」。（註六）

你我千萬不可褻瀆那一個字，
別忘了在上帝跟前起的誓。
我不僅要你最柔軟的柔情，
蕉依似的永遠裏著我的心；
我要你的愛有純鋼似的強，
在這流動的生裡起造一座牆；
任憑秋風吹盡滿園的黃葉，
任憑白蟻蛀爛千年的畫壁；
就使有一天霹靂震翻了宇宙，
也震不翻你我「愛牆」內的自由！

這「愛」與「誓」是多麼的堅決。徐志摩「單純的信仰」可以說就是「理想主義的浪漫主義」，他接觸到實際，碰了壁，他會迎上前去，進行博鬥，他的「單純的信仰」使他成爲勇者，有了力量。他曾說：「不能在我的生命裡實現人之所以爲人，我對不起自己。在爲人的生活裡，不能實現我之所以爲我，我對不起生命，這個原則我們也應該時時放在心裡。」他藉著詩歌實現了自己。（註七）這是徐志摩，因他的身份、地位、大文豪的行情，生在大解放年代裡，在追求愛的路途上，他幾可爲所欲爲，成爲愛情的君王。

一信則生活在「大戒嚴」時代，被一些框框架架死死綁住。他在詩集後記說，自己的感情路走的很坎坷，有苦有樂，因苦樂而「不能自己」的掙扎。

確實，理想主義的浪漫主義，面對愛的困境，只有「愛或死」的選擇，不掙扎，不妥協；務實主義的浪漫主義，有選擇，有掙扎及更多的妥協，因而詩的風格成爲兩極差異。

註釋：

註一：徐志摩，「這是一個懦怯的世界」，收在高準著，《中國大陸新詩評析》（台北：文史哲出版社，民國七十七年九月），頁八八－九三。

註二：同註一，頁九三。
註三：一信，《愛情像風又像雨》（台北：台北縣政府文化局，二〇〇三年十二月），均見第一輯。
註四：劉心皇，《徐志摩與陸小曼》（台北：大漢出版社，民國六十七年八月十五日），頁八四—八八。
註五：引用各詩作，均見註三書。
註六：徐志摩，「起造一座牆」。《我是天空裡的一片雲：徐志摩詩選》（台北：格林文化版，二〇〇〇年六月），頁六四。
註七：同註四，頁二二—二三。

三、靜態美，兩人的私密世界

不知道為什麼？情詩絕大多數是男人寫給女人！極少有女人寫給男人！這之間有些應是生物性、社會性和文化等因素，留待有心人去進一步研究。

按我自己的經驗觀察，以台灣地區男性詩人為準，十之八九必定曾經寫過「情詩」

（即「愛情詩」），給自己所喜歡的女子，包含寫給已經成爲自己老婆的女子。婚後也仍然可以寫情詩給太太以外的任何女子，那只是一種「精神戀愛」，並未違反任何法律或道德原則。更何況，「婚姻是愛情的墳墓」，這種精神戀愛或許也還有社會功能。但結婚數十年，已成老夫老妻了，還常寫情詩給老妻，這就是稀有物種，很了不起！詩壇上我只看見三月詩會詩人金筑先生，常寫情詩獻給老婆，這就證明了他們夫妻的幸福美滿是「真相」，是真的啦！

因爲以往的幾十年中，看過太多「幸福美滿的夫妻」，但有六七成（甚至七八成），最後真相戳破了，原來幾十年來朋友所見他家的「幸福美滿」，全是演出來的假相，這世界真的很詭異，親眼所見竟大多是假相的例子太多了，只能說很悲哀！

本書研究的主角一信先生，寫過很多情詩，而且結婚三十週年寫了紀念詩贈給愛妻，雖不屬於浪漫情詩，也是詩人真情的告白。這部份，本章另一位比較研究的主角徐志摩，大大不如一信先生。可以這麼說，徐志摩太堅持「絕對浪漫」，完全從個人出發，因而失去家庭的幸福美滿；而一信顧及現實環境，做出讓步妥協，因而得到家庭的幸福美滿。

這兩位「大異小同」的詩人，寫出來的情詩，有怎樣的「異味」？前兩節從苦戀、相思的差異及「生、愛、死」的不同選擇，做了比較研究。這節從情詩中的「靜態美」

切入品賞，男詩人寫女人的靜態美不外她的微笑、體態、神情、眼睛、手足、皮膚、睡姿……無奇不有。徐志摩的「兩地相思」有這樣的詩句。（詩1）

今晚的月亮像她的眉毛，
這彎彎的夠多俏！
今晚的天空像她的愛情，
這藍藍的夠多深！
那樣多是你的，我聽她說，
你再也不用疑惑；
給你這團火，她的香脣，
還有她更熱的腰身！

「兩地相思」部份

這首詩涵富浪漫俏麗的味道，「這團火、她的香脣、更熱的腰身」都有含蓄的性暗示。性，是構成愛情的基本元素，情人無「性」事，浪漫不起來（因失去相互間的吸引力）。我曾聽一位詩人說他和某女作家維持多年「情人關係」，從無「性事」，這是一種自我安慰。所謂「柏拉圖式戀愛」連柏拉圖也做不到，他不過嘴巴說說。一信先生的「情人如玉」有較明顯的性暗示。（註二）

每寸皮膚都明麗　每絲肌骨都晶瑩
光澤中溢出和婉的笑容
展現風姿自成熟之溫潤
……
一次次探採　深深蘊藏之寶藏

「情人如玉」部份

這種對女人眼神、肌膚、眉毛、香脣……等身體各部位的細膩描寫，沒有「近距離」，甚至「零距離」觀察，親自通過「性」的實證檢驗，通常寫不出來。「情人如玉」詩裡「一次次探採　深深蘊藏之寶藏／在時序之巨手琢巨手磨　終將／成型　成品　成器／成晶瑩　成圓潤　成最愛」，固然可以有各種解讀，但基本上就是情人經由「房事」的圓滿，昇華成自我實現的境界。這純悴是情人間最私密的兩人世界，無言無語靜態誓約，徐志摩和一信的許多情詩中，各有一首詩寫與情人相守的靜態美，且是不同風格的經典之作。同台展示如下。（註三）

她是睡著了　徐志摩

她是睡著了

她是睡著了——
星光下一朵斜欹的白蓮；
她入夢境了——
香爐裡裊起一縷碧螺烟。

她是眠熟了——
澗泉幽抑了喧響的琴絃；
她在夢鄉了——

粉蝶兒，翠蝶兒，翻飛的歡戀。
　停勻的呼吸；
清芬滲透了她的周遭的清氛；
　有福的清氛，
懷抱著，撫摩著，她纖纖的身形。
　奢侈的光陰！
靜，沙沙的盡是閃亮的黃金，
　平鋪著無垠，——
波鱗間輕漾著光艷的小艇。
　醉心的光景；
給我披一件彩衣，啜一罈芳醴，
　折一枝藤花，

舞，在葡萄叢中，顛倒，昏迷。

　看呀，美麗！
三春的顏色移上了她的香肌，
　是玫瑰，是月季，
是朝陽裡的水仙，鮮妍，芳菲！

　幽底的幽秘，
挑逗著她的心，——潔純的靈魂——
　像一隻蜂兒，
在花心，恣意的唐突——溫存。

　童真的夢境！
靜默；休教驚斷了夢神的慇懃；
　抽一絲金絡，

抽一絲銀絡，抽一絲晚霞的紫曛；
玉腕與金梭，
織縑似的精審，更番的穿度──
化生了彩霞，
神闕，安琪兒的歌，安琪兒的舞。

可愛的梨渦，
解釋了處女的夢境的歡喜，
像一顆露珠，
顫動的，在荷盤中閃耀著晨曦！

仲夏夜戀曲　一信

輕輕地，輕輕地
別驚動了大地

別驚醒了這萬籟俱寂的宇宙
像輕雲在夜空緩流
使夜霧偷偷地在林間漫步
　輕輕地，輕輕地

不要講話，不要講話
驚醒了痲雀兒牠要嘰嘰喳喳
驚醒了鴛鴦鳥她要妒煞
偎在我懷裡　偎在我懷裡
且不管這世界是否在天旋地轉
且不管這世界是否要天崩地塌
　偎在我懷裡　偎在我懷裡

輕輕地，要更輕輕地
不要驚走了那駕銀月的玉兔

不要驚醒了那司晨的雄雞
讓時間永遠逗留在這裡
讓我們永遠永遠
在這裡靜靜地偎依

徐志摩這首「她是睡著了」和一信「仲夏夜戀曲」，有很類似的情境、意境，一個是看情人睡覺；一個是把情人抱在懷裡（情人偎在懷裡睡覺），好美好爽的情境，每個談過戀愛的男子一生難忘的甜蜜回憶。

先談徐志摩，這首詩大約寫於和陸小曼結婚前後，全詩九段，無比的浪漫情懷。睡姿是一朵斜欹的白蓮，如夢中彩蝶的歡戀，清氛撫摩著她纖纖的身形，而她的香肌是三春顏色，是玫瑰，是水仙，他挑逗著她，靜靜的別驚醒了她，可愛的梨渦像露珠，在荷盤中閃耀著晨光。

爲了突顯情人睡姿的美，深夜裡的閨房中，兩人世界的唯美、浪漫，用了很多美麗的意象，如白蓮、粉蝶、芳醴、月季、水仙、童真、處女，都是讓人想入非非的情境。這首詩也是新月派浪漫作品的代表，但這首詩的背景也是有些非議，原來據可靠的說法，

此詩是徐志摩和陸小曼結婚的「祝賀詩」。（註四）

歷史上對徐志摩也有「私德」議論，因爲他的「愛、美、自由」的單純信仰，便拼死地去追人家已婚的女人（陸小曼），鼓勵人家和丈夫（王賡，一個文武雙全人才）離婚。梁實秋先生曾說，把自己的生命和前途，寄托在對「愛、自由、美」的追求上，而「愛、自由、美」又由一個美艷女子來做象徵，無論如何是極不妥當的一種人生觀。（註五）也確實，在當時，徐志摩和張幼儀是已婚夫妻，陸小曼和王賡將軍也是已婚夫妻，而徐志摩用盡一切辦法和元配張幼儀離婚。目的爲追求陸小曼，這放在目前的社會也要受到批判的。惟一代大詩人、大文學家英年早逝，總是叫人萬分感傷。他的父親申如先生輓聯云：

考史詩所載，沉湘捉月，文人橫死，各有傷心，爾本超然，豈期邂逅罡風，亦遭慘劫！

自襁褓以來，求學從師，夫婦保持，最憐獨子，毋今逝矣，忍使悽涼老父，重賦招魂！

梅蘭芳亦輓云：

歸神于九霄之間，直看噫籟成詩，更憶拈花微笑貌，
北來無三日不見，已諾為余編劇，誰憐推枕失聲時。

接著再看一信的「仲夏夜戀曲」，比較一信所有的情詩，以這首最富浪漫主義氣氛。我假設，把這首詩也編入徐志摩情詩選集，除非有專業研究考證者深入比對，否則必以爲同是徐志摩的情詩，因爲浪漫氣息和意境，構成一幅靜寂的兩人私蜜世界美景。也是當代名詩人、三月詩會同仁的謝輝煌先生，對這首詩的定位是「模倣西洋浪漫派風格的抒情詩，卻是鑾中國味的。」（註六）六個「驚」字，六種情境，企圖「凍結」現狀，時間不動，空間不移，兩人永遠靜靜在一起依偎，讓她永遠「偎在我懷裡，偎在我懷裡」。四種動物的選用，增加浪漫效果，尤以「驚醒了鴛鴦鳥她要妒煞」最爲傳神，表示鴛鴦也不及他倆甜蜜

對於「不要講話，不要講話」句的詮釋，謝輝煌先生認爲是「情況有些不妙了」，即她有話要說，而詩人不讓她說。但我的解讀是保持現狀的請求，因爲詩中共有六個「輕輕地」，不要驚醒了……這麼一個寧靜、甜蜜的畫面，縱使這兩人的私密世界很短暫，

也會成爲永恆不朽的愛情。

「仲夏夜戀曲」放在詩集的第二輯，一信在後記說，這輯是寫熱戀時的狂熱感情，有些是相戀不能結合的痛苦和掙扎心境。是故，此時期的情詩已經走過年輕初戀的生澀，對感情的處理已有經驗，捕抓瞬間的美感使成永恆，對浪漫氣氛的營造，建構浪漫意境、情境，已可直追徐志摩，以這首詩爲代表、爲證據！

註釋：

註一：徐志摩，「兩地相思」，郝廣才總編輯，《我是天空裡的一片雲：徐志摩詩選》（台北：格林文化，二〇〇〇年六月），頁八四—四六。

註二：一信，《愛情像風又像雨》（台北：台北縣政府文化局，二〇〇三年十二月），頁五七—五八。

註三：徐志摩，「她是睡著了」，見劉心皇著，《徐志摩與陸小曼》（台北：大漢出版社，民國六十七年八月十五日第二版。）頁一四二—一四六；一信，「仲夏夜戀曲」，見註二書，頁四六—四七。

註四：見註三，劉心皇著作，頁一四二—一四七。

註五：同註四，頁一四九。
註六：謝輝煌，「愛情河，彎彎曲曲地流著：談一信的愛情詩」，同註二，頁一二六—一三五。

四、動態美：野、媚、俏三個標準

古今能把女人的動態美寫得「前無古人、後無來者」，首推南唐李後主李煜。他是一位充滿赤子之心的詩人，這種人而爲國君，是一個不幸的安排。賞讀他的「一斛珠」。

> 晚妝初過，沈檀輕注些兒個，向人微露丁香顆。一曲清歌，暫引櫻桃破。羅袖裛殘殷色可，杯深旋被香醪涴。繡牀斜凭嬌無那，爛嚼紅茸，笑向檀郎唾。

這還只是後主早期作品，待亡國後他才昇華到文學的最高峰，而成「永恆不倒的君王」，譚獻在《譚評詞辨》稱「後主詞足當太白詩」。（註一）他未能挽救南唐之亡，也就成了次要的問題，何況他即位時，國家已是一盤殘局。後主身受亡國慘痛，固然是大不幸，但吾人常說，實際遭遇，是文學創作最好營養，那些大不幸才奠定李後主在詩壇上「永恆不倒的君王」之地位。同理，徐志摩的情詩之所以「刻骨銘心」成一絕，一信的情詩當然不能和李後主、徐志摩「同台論價」。但一信的情詩在書寫女人動態美這部份，還是寫出了務實者的浪漫情懷，寫出了個人的特色。

動態美，針對情人的所有動作、行爲，剪接、美化成詩，例如情人的笑、跳、唱，乃至化妝、說話、言行……無奇不有，無所不包。一信的情詩有不少詩寫情人的笑，如「想拾些晚霞／想把一個少女的笑掛在那雲下」（夏之黃昏）、「啓開了冬緊眠的嘴／笑著綻放：春之唇」（初開的花）、「昔日　有風漾起波／波　被柔住／嗔裡　笑裡」（水的愛情回憶）。只是一個笑，可以如雲、如春之唇，如一朵漣漪，浪漫也須要想像力。笑，也是一種力量，回眸一笑百媚生，便能傾國傾城，有這種美感和力道要合乎三個標準：野、媚、俏。賞讀一信「妳笑了」。（註二）

每一次容顏都風光　都燦爛
每一個姿式都繪畫　都雕塑
又風度成一株

永不凋謝的純白　且愛笑的玫瑰花

笑了　自嘴角
飄逸出一道虹
笑了　眸子中
飄出許多花朵

風華姿成　藝術
藝術美成　風華
笑了　笑成一首
越讀越美的詩

一信這首情詩即不野、不媚，也不俏。但唯美、典雅、含蓄，把笑的動作表情寫得很靜寂，很淑女。這是「寫實畫風」，很有意境，「飄逸出一道虹／笑了　眸子中／飄出許多花朵」，浪漫的氣氛、意象，也營造出來了。

情人的動態美要寫得合乎三標準：野、媚、俏，在現代詩中，非徐志摩莫屬，他和李後主真是「古今雙絕」，讀徐志摩的經典代表作之一，「鯉跳」。（註三）

那天你走近一道小溪，
我說「我抱你過去，」你說「不；」
「那我總得攙你，」你又說「不。」
「你先過去，」你說，「這水多麗！」

「我願意做一尾魚，一支草，
在風光裡長，在風光裡睡，
收拾起煩惱，再不用流淚；
現在看！我這錦鯉似的跳！」

一閃光艷，你已縱過了水；
腳點地時那輕，一身的笑，

像柳絲，腰那在俏麗的搖；
水波裡滿是鯉鱗的霞綺！

這首詩就是描寫陸小曼生活上一些動作，經過浪漫主義的手加以詩化，多媚、多俏。第一段是兩人對話，那兩個「不」字太生動了，好像女人的櫻桃小嘴真的「不」出來了。第二段是詩人主觀的期待，「在風光裡長、在風光裡睡」，是希望過一種無拘無束的自由生活。第三段寫情人跳躍時的姿態，即媚又可愛。徐志摩另一首「別擰我，疼」，除媚、俏外，還有「野」的功力。（註四）

「別擰我，疼，」
你說，微鎖著眉心，
那「疼」，一個精圓的半吐，
在舌尖上溜——轉。

一雙眼也在說話，
睛光裡漾起
心泉的秘密。

夢
灑開了
輕紗的網。

「你在哪裡？」
「讓我們死，」你說。

這首詩寫和陸小曼兩人在閨房中的親蜜動作，一些不可告人的打情罵俏，多野、多媚、多俏的叫人心跳。有人說戀愛是青年人的酵母，一切的表現，尤其藝術方面的成就，這個酵母的力量最大。一信在詩集後記最後說，預料已不可能再寫出比這本書中更好的情詩。（註五）這是實在的話，他到今（二〇一三）年是八十一歲了，大概不可能再談一場似年青時代的戀愛，沒有戀愛就沒有情詩。

徐志摩自從遇見陸小曼，驚於她的美艷，決心和元配張幼儀離婚，全力追求陸小曼，寫了很多浪漫情詩，到「別擰我，疼」時，他們關係已非尋常了。

一信寫情人的動作，情人的笑，完全不同於徐志摩，一信客觀、典雅、迷離，又帶些無奈感，這是因爲沒有強大資源做靠山，不能全面「掌控」情勢。如「淡江螢火迷紅樓」一詩，「你輕聲笑了　把紅樓前的流螢／笑成了煙雨中觀音山的燈火／／妳的歌聲宛若風起／淡水河粼粼水波／流動了大江東去的浪濤……情生情滅的今生誓盟」。（註六）因爲愛情如夢如幻，情人也未必能擁有，只有看開些，如流螢、燈火，隨時會消失，也似東去的流水，不會再回頭了。

除了客觀情勢（身份、地位、律法、環境），會對一信的情詩產生綁手綁腳的困境，詩人自己有很多道德、禮教要遵守，難以徹底自由、自在、解放，寫出來的情詩不是浪漫主義風格。詩人謝輝煌先生總結一信的情詩說，「反映了那個年代的愛情觀，能發乎情，止乎禮義，並超越佔有，這是很了不起的。」（註七）這麼說來，二十世紀下半葉的台灣社會，遠不如徐志摩時代開放，徐志摩已掙脫禮教制約，而台灣還是一個禮教吃人的社會。試賞讀徐志摩要求元配張幼儀離婚的詩，「笑解煩惱結」。（註八）

這煩惱結，是誰家扭得水尖兒難透？
這個千縷萬縷煩惱結是誰家忍心機織？
這結裡多少淚痕血跡，應化沉碧！
忠孝節義——咳，忠孝節義謝你維繫
　四千年史髏不絕，
卻不過把人道靈魂磨成粉屑，
黃海不潮，崑崙歎息，
四萬萬生靈，心死神滅，中原鬼泣！
咳，忠孝節義！
……
此去清風白白，自由道風景好。
聽身後一片聲歡，爭道解散了結兒，
消除了煩惱！

可見徐志摩多麼討厭傳統禮教，非要把忠孝節義全部解放，爭取個人的「絕對自由」。張幼儀是徐志摩媒妁之言的元配，偏偏徐志摩愛上已婚的陸小曼，這在當年也是國內最大的「八卦新聞」。此詩雖非詩寫女人的動態美，也是浪漫主義者的作品。對於志摩和女人的關係，曾有這樣的研究，認爲他的思想和雪萊完全一樣，他愛的並不是這個女人或那一個女人，他僅僅只愛著他自己內在的理想，一種美的幻象，理想美人的幻象。他和張幼儀婚後也是幸福美滿，也感受到幼儀的美，但看久了又不覺得美。到英國遇見林徽音（亦同林徽因），驚爲仙女下凡，又成爲他理想中的美人，又熱烈追求林徽音。

身爲徐志摩的老師梁任公先生，寫信力勸說，「天下豈有圓滿之宇宙」，任公看透徐志摩追求的只是一種「夢想的神聖境界」，料到必不可得，事後發展果然證明，理想主義終究只是理想、幻夢！

反觀務實主義的浪漫主義者一信先生，有得「吃」就不錯，那有機會「挑」。務實者雖考量到現實環境，但詩人總有幾分浪漫，也想追求一點浪漫，在僅有的空間和資源條件下，營造浪漫情境。在這本詩集的序詩，「愛情真的來了」，超越了女人的動態美，而使愛情真的動起來了，深值品賞。（註九）

甜蜜由火中跳躍起
萬般姿態　舞燦眼中的
憧憬　從每個角度看
都瀰溢津津視覺

鮮花幅射的暈眩裡
月色裸足踮步躡清風來　柔著
黑瞳的焦點　柔成軟式
柔盼望　柔光影　柔音韻　柔
不盡纏綿的形　象

柔　羈不住待奔放
　　　　欲飛騰

天地都有張臉笑得

很馨　很甜
告訴風　告訴雨
　告訴太陽　告訴星月
告訴……
愛情真的來了

這首詩典雅、溫馨，也飽涵愛情的甜蜜和快樂，浪漫氣息也濃厚。尤其最後「告訴風、告訴雨……太陽明月」等，正是浪漫主義的調調。第一段「甜蜜由火中跳躍起」是苦盡甜來之意，第二段應是情人來會，少不了要纏綿一番。

小結一信情詩中的動態美，雖未達浪漫主義的三標準（野、媚、俏），而是另一種典麗、飄逸和隨緣的浪漫，不會有驚天動地的愛情故事。畢竟，人是活在現實中。

註　釋：

註一：孟瑤，《中國文學史》（台北：大中國圖書公司，民國八十二年六月四版），頁三四三。

註二：所引各詩，均見一信，《愛情像風又像雨》（台北：台北縣政府文化局，二〇〇三年十二月）各輯。

註三：徐志摩，「鯉跳」，《我是天空裡的一片雲：徐志摩詩選》，郝廣才總編，格林文化，二〇〇〇年六月。頁八〇。

註四：同註三，頁八七。

註五：同註二，頁一四六。

註六：同註二，頁七六—七七。

註七：同註二，頁一三四。

註八：同註三，頁二八—二九。

註九：同註二，序詩。

五、志摩傷心絕望VS一信功德圓滿
——兩種主義的不同結局反思

世人絕大多數被誤導，以爲人生無缺、無誤、無失敗、無遺憾，所做皆成功、圓滿，才能謂之「完美」，或稱「完人」，這是天大的錯，天大的無知。

真實世界的一切　都是有殘缺的，有不足、有遺憾的；真實世界不存在所謂「無缺點」、完美、完人等人事。

從《莊子》「人間世」可知，所謂「完人」，一種是死人，一種是虛僞不實的人。而世上除已死之人，其他是活人，故有任何活人說是「完人」，是完美無缺的人，那便是一種虛僞，一個騙局。只可惜，世人無知者太多太多了，以爲心中的「粉絲」真的是完人。老子《道德經》曰：「大成若缺」，即是說完美並非真完美，殘缺才是完美，世人知否？類似的話，星雲大說曾說：「優點和缺點都包容，成功和失敗都算進來，才叫完美！」

同理，這節標題和內容都談到徐志摩的傷心絕望和失敗，並無半點貶抑之意。另按我國歷史文化意涵、春秋大義等標準，對歷史人物的「終極蓋棺論定」，並不在人間事業的成敗，而在春秋大義信念的堅持。例如孔明、鄭成功、總統　蔣公等，其人間事業都未能完功，孔明五次北伐都失敗，均不影響他們在我國歷史上的賢聖定位。再如文天祥、岳飛，乃至黃花岡七十二烈士，都是大業未成身先死，亦不動搖他們成爲民族英雄的歷史定位，他們堅持理想（道），爲理想而死，是可敬可佩的。這也是孔子說的「朝聞道，夕死可矣」的道理，事實上，古今中外的聖賢偉人，大多是理想主義或浪漫主義者，或二者兼而有之。

這節針對理想主義的浪漫主義者和務實主義的浪漫主義者，二者在詩創作上的不同風格與情境思索，並投射到二者（徐志摩、一信）的人生真實生活面，也造成了不同的結局。

先從徐志摩講起，他和陸小曼結婚後不久，心頭上就湧現幻滅感。因爲陸小曼是當時有名的交際花，成天跳舞、享樂、花錢是她最大的本領，徐志摩以爲她婚後可以用「愛」改正，提高爲人的格調，沒想到陸小曼婚後仍沉迷在舞場、喝酒、吸鴉片、享樂等，惡習並未革除，爲人的格調也沒有提高，徐志摩終於承認自己的失敗。

詩人對情愛產生了灰心，漸漸的變成傷心絕望，他的詩開始蒙上死亡的陰影。「我死了的時候，親愛的／別爲我唱悲傷的歌……在黑夜裡傾土吐悲啼／在悠久的昏暮中迷惘」（歌）、「我想著你，我想著你，啊小龍……誰知我的苦痛／你害了我，愛，這日子叫我如個過？／／但我不能責你負，我不忍猜你變」（我來揚子江邊買一把蓮蓬）（註：小龍是陸小曼的小名）。明明是陸小曼負心了、變心了！大詩人仍不忍責一句，可見其痴。這故事和台灣以前有痴心男子愛上酒家女（類似交際花），結婚了，酒家女仍不改

酒家女的生活，成天喝酒玩樂，痴心男傷心絕望，同樣都讓人很同情，賞讀他的「灰色人生」（註一）

我只是狂喜地大踏步地向前——向前
口唱著暴烈的，粗傖的，不成章的歌調；
來，我邀你們到海邊去，
聽風濤震撼大空的聲調；
來，我邀你們到山中去，
聽一柄利斧斫伐老樹的清音；
來，我邀你們到密室裡去，
聽殘廢的，寂寞的靈魂的呻吟；
來，我邀你們到雲霄外去，
聽古怪的大鳥孤獨的鳴；
來，我邀你們到民間去，
聽衰老的，病痛的，貧苦的，殘毀的，

受壓迫的，煩悶的，奴服的，
懦怯的，醜陋的，罪惡的，自殺的——
和著深秋的風聲與雨聲——合唱的
「灰色的人生！」

「灰色的人生」末段

為什麼一個快樂的浪漫主義者，很快變得如此的消極灰色，如此的孤獨悲鳴，為什麼？一定是被最親近的人出賣了。他有一首叫「殘破」的詩，讀來真是鼻酸，是不忍心叫一個大詩人成像是流浪漢，「我要在枯禿的筆尖上裊出／一種殘破的殘破的音調／為要抒寫我的殘破的思潮／……因為殘破，殘破是我的思想……我有的只是些殘破的呼吸／如同封鎖在壁椽間的群鼠／追逐著，追求著黑暗與虛無！」（註二）徐志摩現在等於是一塊行屍走肉，沒了靈魂，更別說他的理想主義、他的浪漫主義，全都成了殘破、虛無和滅幻之景象。以下是一些重要歷史人物的說法。（註三）

胡適先生在「追悼志摩」裡說：「志摩最近幾年的生活，他承認失敗，他有一首『生活』的詩，詩的情調，暗慘可怕。」

陰沉，黑暗，毒蛇似的蜿蜒，
生活逼成了一條甬道：
一度陷入，你祇可向前，
手捫索著冷壁的黏潮，
在妖魔的臟腑內掙扎，
頭頂不見一線的天光，
這魂魄，在恐怖的壓迫下，
除了消滅更有什麼願望？

他的失敗是一個單純的理想主義者的失敗。他冒了絕大的危險，犧牲了家庭的親誼和人間的名譽，去追求，去試驗一個「夢想之神聖境界」，免不了慘酷的失敗。

周作人在「志摩紀念」裡，認爲從藝術方面看，婚姻無關重要，失敗亦非宏旨了。

梁實秋先生在「談徐志摩」文中說，他臨死前幾年的生活確是瀕臨腐爛的邊緣，不是一個敏感的詩人所能忍受的。

總之，志摩和小曼婚後，生活不如戀愛時的美麗。同時，小曼吸鴉片、跳舞等種種無聊的應酬，並未改變交際花的本性，這些都足以「摧毀」一個大浪漫的大詩人。

徐志摩是在民國二十年十一月十九日飛機失事遇難的，得年只有三十六歲。他從事寫作只有十年，留下許多文學精品。志摩死後，小曼並未再嫁，仍頂著「徐志摩夫人」之名，秘密的和一個叫翁瑞午的同居，此種在東西方社會都招物議。她等於從頭到尾都在「利用」徐志摩，死了還能利用。

世間事難以說利弊如何！如李後主若不碰上亡國之痛，他未必能攀上文學高峰；徐志摩不碰上「陸小曼劫難」，他也未必有這麼多好作品留給後人品賞！末了，再欣賞一首他的小詩，「運命的邏輯」。（註四）

前天她在水晶宮似照亮的大廳裡跳舞——
多麼亮，她的襪！
多麼滑，她的髮！
她那牙齒上的笑痕叫全堂的男子們瘋魔。

昨天她短了資本，
　變賣了她的靈魂；
那戴喇叭帽的魔鬼在她的耳邊傳授了秘訣，
她起了皺紋的臉又搽上不少男子們的心血。

今天在城隍廟前階沿上坐著的這個老醜，
她胸前掛著一串，不是珍珠，是男子們的骷髏；
　神道見了她搖頭，
　魔鬼見了她哆嗦！

這首詩真是藝術精品，我有三個層次的解讀。（一）個別性而言，是徐志摩這位理想主義的浪漫主義者，見證愛情從初戀的甜蜜到走進「墳墓」的過程，再一次實證「婚姻是愛情的墳墓」之真理（他不親自證不相信）。（二）就普遍意義而言，婚姻本來就是愛情的墳墓，放四海皆準。（三）詩中的她，就是陸小曼，他恨死了她，她比魔鬼可怕！

所謂「婚姻是愛情的墳墓」，事實上也只是一種說法、一種史觀、情觀。對於理想主義者和浪漫主義者而言，因為他們總逼使自己進行「零和遊戲」選擇，不斷在做「二選一」或「是非題」，婚姻是愛情的墳墓幾乎就是必然的結局。但是，對於務實的人，雖然也想要一點浪漫，他也懂得讓步、妥協，乃至轉念、昇華，婚姻不僅不是愛情的墳墓，還會成為自我實現的基地，把自己的人生譜成功德圓滿的結局。以下看一信如何把愛情列車開向終點站，如何把他的愛情昇華！

詩人一信的感情路如同他在詩集後記說的，走的非常坎坷、際遇、不安定感、窮、個性的外在和順與內在剛傲，愛上不該愛的人……受盡了苦難與挫折。（註五）但基本上，從一信的詩可以看見他感情路的軌跡，寫實風格的詩作，如杜甫的詩，可以當成「詩史」來讀，一信的詩也是。從最早《夜快車》、《時間》詩集上的情詩，到《婚姻有哭有笑有車子》中的兩首結婚三十年紀念贈妻詩，再到《愛情像風又像雨》中的「春已老」、「緣起緣滅」，吾以為，愛情、婚姻這條人間道，一信已算功德圓滿。在所有一信的情詩中，「向南方種植笑」最能代表「慎始」的那段戀情。（註六）引部份，全詩見第四章。

向南、距離阡陌距離
　　距離攀著距離
南方之南
……
啊！也不禁輕輕地笑了

這首詩是一九六六年為追求現在的徐夫人，當年北二女畢業後在台南工作的鄧容全小姐，一信在台北上班，每週南北夜奔，在赴台南的火車上所寫。是年的農曆五月，一信和鄧容全的愛情「修正正果」，他們結婚了。

前文講到徐志摩和陸小曼才結婚不久，幻滅感立即湧上心頭，愛情消失了，兩人如生活在「墓」中，這是理想主義的浪漫主義者「命定」的悲劇。反觀比較務實又有點浪漫的一信，婚姻走過三十年，他幽默感性的寫「婚姻有哭有笑有車子」。（註七）

三十載了　我們曾攜手
從禮堂走進雲中
從雲裡走進風雨中
從風雨裡走進水火中
從水火裡走進荊棘中
……
我妻　在此紀念之光環中
攜子媳　獻妳此詩
及我滿心的愛

《婚姻有哭有笑有車子》部份

從結婚三十年紀念至今（二〇一三年夏），已快五十年金婚了。一信也古稀之齡，愛情還在嗎？你問務實主義，他一定說「鬼才相信」，但你讀一信的「黃昏之戀」。（註八）

年齡的重量並未壓低愛情跳躍的高度
愛之翅膀仍然勇於在情天飛揚
彩霞滿天的黃昏比任何一個春晨更美
世界的眼睛都仰視向晚的瑰麗驚艷

宇宙張大的嘴　輕吁羨於銀色空谷清音
愛情永遠不老　不拘年歲總在血液中循環
愛情真的不老　愉快於年代與年代中輪迴

愛情未曾老去　千禧年的伊甸園中
滿天晚霞　滿樹銀杏　滿地夕陽
她踏著舞步遠由天涯歡笑著跳躍而來
一首詩　一個夢　伴她進入我心中

愛情永遠不老、愛情真的不老、愛情未曾老去，這樣的詩句是徹底的浪漫主義者寫不出來，也無法感受的情境。第一段把老年愛情比喻成黃昏彩霞，日出晨曦和黃昏麗彩是一天中的兩個最美的景點，許多觀光點看日出，也有許多看夕陽的。二者皆美，只是人生的晚霞仍有愛的翅膀在飛揚，這是須要昇華、須要修行的。

第二段，「宇宙張大的嘴」是詩語言的夸飾，驚奇於詩人的愛情永不老。第三段的「晚霞、銀杏、夕陽」都是象徵老年的意象語，愛情踏著舞步，快樂、歡笑，如一首詩，一個夢。

但人終究要老，萬事萬物都會老，包含星星、月亮、太陽，以及親情、友情、愛情，遲早都會老死，說「永不老」是違反自然法則的。但詩人的浪漫就是追求不可能中的可能，追求矛盾與衝突的統一，追求正反之合，追求一種人生的境界。所以「春已老」這首詩，詩人用了肯定、肯定及最後的否定，體現他的浪漫。（註九）

妳憔悴在我憐惜中
默然地稍聲：春事已了
多少春風春雨向晚街頭

及多少艷陽花炫色綻蝶狂於
妳嬌喘之山間小道小屋
相絞的感相擁的情相裸的軀
懼慄的心準備相捨的命
都在這聲：春事已了
了卻於今日今年
或今生今世

已老的春為何不能
縱花再綻再放　再艷乎再嬌叫
已老的軀體為何不能
再裸再激情再縱情
再於恐懼中不懼一切

真的是春已老春事已了？

妳　再聽不到我體內慾的高呼
與春情的咆哮

不要憔悴不要春老不要春了
任由我們回首
褪褫世俗　褪褫虛偽
浴春事　戀春光　繾綣春宵
忘盡任何季節
　任何氣候
　　任何氣象
儘是：繾綣春事中
生死相許　死生相擁　生生死死相報

妳　千萬別再黯然稍聲說：
春已老　春事已了

詩一開始兩行並排獨立，如兩個老人對答，老夫說；「妳辛苦了五十年，讓妳這麼憔悴。」老妻說：「都已經是過去式了。」

接著老夫回憶起年青戀愛的激情，黃昏時在雨中散步，無怨無悔的互許終生，走過半世紀，生了四個兒子，現在兒孫滿堂，只是愛情轉型成情義。

第三段老夫（詩人）不干心於愛情不在，要喚醒愛情精靈，再愛一次、再激情、再嬌叫，「再於恐懼中不懼一切」用的真好，第四段再質疑。第五段後再否定，不要憔悴、不要春老、不要春了，重返青春，繾綣春宵，不要受制於世俗眼光，最後老夫告訴老妻說：「不要說春已老，老了還是可以談戀愛。」

總結這一輩子的愛情、婚姻、人生，雖曾「幾度生滅於／月起月落　月圓月缺」，然而這些是人生過程的常態，月亮不會總是圓的，世間也沒有永恆的。所以，詩人不會為這些灰心喪志，傷痛絕望，賞讀「緣起緣滅」。（註一〇）

心岸湧起　浪花紛飛潮汐澎湃
緣起潮湧　緣滅潮退

幾度生滅於
月起月落　月圓月缺月晦

緣起於千山萬壑之幽境
緣滅於千車萬喧的繁華
千萬蝶蜂於花中醞釀
千萬種香甜及千萬種美好姿態
一隻鳥卻仍飛向幽之千萬尋覓

鏡子從稜線映照緣起緣滅影像
一條長河流過光的明暗度
大江東去淘盡清幽　傾流遼闊繁榮
終乃　流入海洋之多風多光

風起於清悠　一朵白雲輕飄

風息在花艷鳳鳴　雲寒為水隱潛谷泉
風起緣起　風息緣滅
蛙聲喧嘩谷泉之畔
是誰？懶散地坐看風雲

這首詩寫盡了詩人的悠然、自在，一切都是「緣起緣滅」，這才是宇宙的真相，萬事萬物都是緣起緣滅，包含國家、社會、人生、愛情、婚姻……

一切諸法本，因緣生無主，
若能解此者，則得真實道。

梁・僧祐，《釋迦譜》

宇宙間一切萬有，諸法之根本，都是因緣所生法。佛教認爲一切諸法都是因緣所生，不是單獨的存在，都是緣起緣滅，因緣有則生，因緣滅則無。

例如，花之成爲一朵花，必有許多條件促成，種子下種、陽光、空氣、水，沒有碰到大火……成長、開花；又如房子，要有各種材料、人員、資源……許多因緣和合，才成爲一棟房子。人的身體也是，無數的因緣成爲今天的你，當那些因緣消失，你便不在了。

如果能了解這種因緣觀，就能懂得眾緣和合的奧妙，轉愚癡爲智慧，悟得宇宙、人生之真道，便能自在、懶散地坐看風雲。

總結本章，以徐志摩爲一個典型之「模型」、代表一個「理想主義的浪漫主義者」，以其人生經歷和文學成就，與一信做比較研究。

徐志摩是中國新詩中浪漫派詩人的主要代表。高準先生在《中國大陸新詩評析》一書中，對徐志摩也有很高的評價。（註一一）認爲他是語言運用上第一個完全成功的新詩人，他在形式和韻律方面的成績，爲新詩成爲「美文」鞏固了基礎，也開出了新方向。他的詩溶滙了西洋詩的特點，擴大了現代中國語文的內涵。徐志摩擅長情詩，有動人的熱力，至於哪些詩爲陸小曼或林徽音而作，已不重要了。正如同李後主在歷史上已無人說他是「亡國之君」，而是「文學上永恆不倒的君王」仍被代代崇拜，尊爲中國詞壇的國王，至今尚無能超越者。

至於本書研究的主角詩人一信，他以「務實主義的浪漫主義者」模型代表，相較於徐志摩，一信的人間功課取得了「功德圓滿」的成果。有不少詩人為一信抱不平，說台灣詩壇上一些年度選集為何沒有入選一信作品？對我而言那只是一種「名相」，名相不可靠，亦不能執著。對一信而言，他半世紀來，堅持做一個真正的詩人，創作好詩才是他的本務，而不是交際。

對於愛情，他理解緣起緣滅是世間真理，愛情亦然，不能太過執著，因為「愛情像風又像雨」，你怎能抓得住風？怎能呼喚雨一定要來？（註一二）

愛情像風　在街道上流浪
一條街又一條路
一間店又一棟屋
街道上到處都有我們愛的腳印
愛情像雨　一陣陣落在小屋外
……

愛情啊愛情　像風又像雨
風風雨雨　雨雨風風
風雨中有我最深最美的愛情

註釋：

註一：所引各詩，見郝廣才總編輯，《我是天空裡的一片雲：徐志摩詩選》（台北：格林文化，二〇〇〇年六月）

註二：徐志摩，「殘破」，同註一書，頁一一四—一一五。

註三：劉心皇，《徐志摩與陸小曼》（台北：大漢出版社，民國六十七年八月十五日，第二版。）頁一六七—一七。

註四：同註一書，頁一〇九。

註五：一信，《愛情像風又像雨》（台北：台北縣政府文化局，二〇〇三年十二月），頁一四五。

註六：一信，「向南方種植笑」，除收錄在《時間》、《愛情愛風又像雨》詩集外，也含全家福照片發表在《葡萄園》詩刊，第一八九期的「一信懷舊詩情寫真」

（封底內頁），二〇一一年春季號。

註 七：一信，「婚姻有哭有笑有車子」，《婚姻有哭有笑有車子》（台北：文史哲出版社，八十五年十月），頁二九—三二。

註 八：同註五，頁八五—八六。

註 九：同註五，頁一二〇—一二二。

註一〇：同註五，頁一二三—一二四。

註一一：高準，《中國大陸新詩評析》（台北，文史哲出版社，民國七十七年九月。）頁九二—九三。

註一二：同註五，頁六八—七〇。

第十二章　《飛行之頭顱》詩藝研究

——言志、興說與意境欣賞

我仔細研讀完一信這本《飛行之頭顱》詩集（以下本章都簡稱《頭顱》集），最大的感覺是詩集中每首詩、句、字，都在飛舞，都是活的。不論山河大地、飛鳥走獸、石頭樹木，及每個名詞、動詞、形容詞……都成爲一個活生生的人。他的詩，是活詩。

讀這樣的詩，可以有無數的欣賞入口，除前面各章所提到的想像力、夸飾、比喻、浪漫、寫實、寫意、借物、感悟、批判、反諷……針對《頭顱》的特質內涵，從言志、興說和意境三個領域，淺述對這本詩的研究心得。

「詩言志」是中國詩學的開山綱領。按聞一多、朱自清說法，「志」是懷抱、意向，包含思想、感情、態度和觀點的內心世界，先秦時代大致是如此。到魏晉南北朝，有陸機「詩緣情」和鍾嶸的「吟詠情性」補充之。數千年來，詩「言志緣情」成爲一條鮮明的路線，一路發展下來。這條路線的豐富美學內涵，可謂是中國人的抒情觀。㈠真於情性、發乎自然；㈡抒哀怨之情、發幽憤之思；㈢有爲而作、有補於時；㈣含蓄蘊籍、哀而不傷。

所謂「興」、「詩興」是中華文化的特質，東西方文化差異在「興」可明顯理解。西方重實驗觀察、類型分析和邏輯推理。中國文化則重在直觀性和整體性。是故，「詩興」是詩人對直接感受到一切對象時，觸發聯想、想像和感悟而進行構思和創作的理論概括。

興的基本形式是「感於物而動」，詩人之感「物」，必與「情」動有關，雖有「物來動情」和「情往感物」之不同型態，但基本上主客是相通互感的。至於能否達到主客合一、內外統一，就看創作者的境界了。「興」的特徵是「虛靜」，也就是內心世界要自由自在、無拘無束，才能思接千載，心與宇宙萬有相通。

意境是中國詩學的結晶，從《詩經》時代，中國詩（反一切藝術領域）就在探索意境之美。唐朝以後意境有了新進展，王昌齡提出「三境」說：物境（無我之境）、情境和意境（有我之境），王國維亦有「造境」和「寫境」說，嚴羽的妙悟說，歷代大詩論家如司空圖、鍾嶸、釋皎然、齊己……都有意境之論。

意境的審美本質和言志、興說，有許多相通之處，總在無拘無束、自由自在（逍遙、浮游），才能顯現物我合一、天人合一的境界。

本章以下六節就從言志、興說、意境這三道入口，欣賞、研究一信先生的《頭顱》詩集。

一、真於性情、有為而作、有補於時

真於性情應該是詩創作者的基本美學思想（也是涵養），古人言「千古文章，傳真不傳僞」，也說「詩可數年不作，不可一作不真」。這「真」主要是主觀情感、言志抒情的真。按此再進是有爲而作、有補於時，詩作表達較積極向上的情緒，建康明朗的抒情風格。在《頭顱》集以橋、慶賀建國百年、把杯三問、又一年了、時間的問題、三訪柳永、老了、擁夢十八紀、誰來飲茶，九首爲代表。其中「橋」又是代表的代表。

我必須強硬　硬起脊柱
挺起骨骼來負擔責任
將絕路連接　溝通

雖是絕路　但
飛彈可越過
戰機也可飛過
軍艦　甚至成群的小砲艇
都可以硬闖或蜂擁而過

但是過橋是最好的方式
跨過壑谷絕壁　串連兩方山頭
越過海浪波濤
安全地　舒適地通過
由我挺起的硬脊骨上快樂地通過

這首詩充份發揮言外多重意義，抒內心之真情，且「以真爲美」、「以善爲美」。

《詩大序》：「詩者，志之所之也，在心爲志，發言爲詩，情動於中而形於言。」以橋的具象功能，溝通各大山頭，而能免於戰爭，小老百姓能好好過日子，是大有爲之作。從「興」的藝術表現，使物（橋）來動情和情來感物（橋），有了融合，因而產生意境「物我合一」的境界。

詩一開始，以我爲物，以橋爲我「我必須強硬　硬起脊柱／挺起脊骼來負擔責任／將絕路連接　溝通」，此時「無我」，只是橋大人在說話。實際上是詩人言志，有爲而作，有補於時，第二段若不過橋只有戰爭了，第三段若過橋就是和平安全。

這首詩在意象經營上也很突出，「強硬、挺起骨骼、絕路、兩方山頭」，都合成建構詩的動力，提高了意境的美感。尤其「兩方山頭」是老蔣和老毛嗎？還是老美和老賓？有很多可能，很多想像，真是一首最成功的詩，難怪詩人放在「入口處」。

「慶賀建國百年」實在絕「真」的一首詩，通常慶賀都慶功業賀功德，但詩中提到「苦難　戰爭　生離死別／轟炸　炮擊血肉橫飛／集體活埋　槍決屠殺／國特　匪諜黑五類　寡婦村……」最後說，「使百姓安全安定幸福快樂者才是偉人／不在戰功蓋世征服敵人之英雄前慶賀百年／只有消除戰爭消除對抗的才是真正英雄」。（註二）這首詩雖未在語言、意象、意境上有特別經營，只用平常口語表達，但其寫真是動容的，他的有爲、有補於時，使「詩歌始終爲人生的藝術」。蘇東坡云：「詩須有爲而作。」山

谷云：「詩文惟不造空強作，待境而生，便自工耳。」（註三）大體上是如是。「擁夢十八紀」是另一種有爲抒情。（註四）

有夢　一夢十八年　或乃
十八年一夢　夢中有夢　夢夢有境有象
有愛恨情仇的夢　生離死別的夢
更有　期盼期許期祈的夢

好一個風風雨雨　逐波趨浪
尋夢養夢吃夢擁抱夢的十八年
好一個乘風乘雲飛揚花綻櫻落的十八年
好一個醉臥彩霞的十八年

十八年隨光速瞬逝
一個夢四千首詩（註）繽紛萬樣

銀髮低吟　皓首高嘯

期許一個百年之約　詩繫千載　響澈萬年

註：三月詩會成立十八年，每月出題論詩，概計同仁共成詩發表約四千餘首。

有人說詩人都是「夢想家」，我認爲是很「寫實」的說法。這首詩寫「三月詩會」成立十八年，自從一九九三年三月十三日，有十一位詩人（林紹梅、田湜、王幻、文曉村、藍雲、張朗、劉菲、謝輝煌、晶晶、邱平、麥穗），在中央圖書館（今國家圖書館），這個無組織的詩人團體，每月雅聚至今（二〇一三年夏），竟已二十年了。（註四）三月詩會成立數月後，一信也加入，故一信參加三月詩會活動也是二十年了。

這首詩寫詩人盡職創作，擁抱夢想的堅持，「養夢吃夢」詩語言傳神又富想像力，這種精神應也是「有爲而作」。

三月詩會走過二十年，目前成員已大大改變：游秀治（狼跋）、林靜助、孫健吾（雪飛）、蔡信昌（蔡榮書）、楊華康（麥穗）、汪桃源（關雲）、丁載臣（丁潁）、王家文（王幻）、傅家琛（傅予）、徐世澤（士德）、謝炯（金筑）、林文俊（文林）、吳元俊（俊歌）、游麗玲（采言）、徐榮慶（一信）、謝輝煌、潘皓、廖振卿（台客）及筆者陳福成（古晟），共十九人。但願，這十九位詩人「銀髮低吟　皓首高嘯／期許一個百年之約　詩繫千載　響澈萬年」。

「擁夢十八年」和另一首也是寫三月詩會諸友的「誰來飲茶」，在意境特徵上，都屬寫實之作。但寫實並非「生活記錄」照搬來用，還是運用想像力創造出意境，如前述「養夢吃夢」；「誰來飲茶」的詩句「飲成意象意境、把涸渴人生飲得滋潤豐盈」等，其結束三行是一個豐富的宇宙。（註五）

一壺茶泡出滿天風雲無際乾坤
一壺茶飲為歷史風華當世豪情
一壺茶飲成此生此世永年芬芳

寫實而又富浪漫情懷，有豐富想像力，能使抒情成爲積極的情緒，才是「有爲之作」。一信詩作大多有此特質，而不是一些「空文」。清代嘉慶年間，「常州詞派」創始人張惠言，亦強調有所作爲，有補於時，其在《介存齋論詞雜著》說：「感慨所寄，不過盛衰：或綢繆未雨，或太息厝薪，或已溺己飢，或獨清獨醒，隨其人之性情學問境地，莫不有由衷之言，庶乎自樹一幟矣。」（註六）即表示作品要和社會現實接觸，才是言志抒情之重點。

與社會、人民接觸的抒情，有真實感，使詩成「詩史」（如同杜甫），擔負起歷史見證的重大作用，是中國詩詩言志抒情的重要傳統，在一信詩作中，他不斷在進行著實踐檢證活動。

註釋：

註一：一信，《飛行之頭顱》（台北：新北市政府文化局，二〇一二年十一月），頁二八。

註二：同註一，頁五七。

註三：陳慶輝，《中國詩學》（台北：文史哲出版社，民國八十三年十二月），頁四六。

註四：三月詩會歷史詳見以下二書：

陳福成，《三月詩會研究：春秋大業十八年》（台北：文史哲出版社，二〇一〇年十二月）。

陳福成，《我們的春秋大業：三月詩會二十年別集》（台北：文史哲出版社，二〇一二年八月）。

註五：同註一，頁一〇〇—一〇一。

註六：同註三，頁四六—四七。

二、抒哀怨之情、發幽憤之思

——傳統中國知識份子的憂患意識

詩言志吟咏情性，對於詩人所處環境的矛盾情境（動亂、苦難），自然是要表達怨憤悲愁之情。是故，中國歷史上的文人創作，作家所表達的不遇之悲、不滿之怨、不平之憤，具有動天地、感鬼神的力量。這是傳統中國知識份子的憂患意識，孔子也說「詩可以怨」。

詩言志緣情抒不平之鳴，從《詩經》的風詩和雅詩，就有很多不平之鳴、發憤之歌。而屈原的《離騷》、《九歌》、《天問》等，更是「發憤抒情」之典型了。至今我們紀念著屈原，幾千年來代代子民被他偉大人格和發憤之作所感召。中國詩歌有大量這種抒發怨憤的作品，也成為一種言志之特徵。司馬遷在他的《史記。大史公自序》中說：（註一）

七年而太史公遭李陵之禍，幽於縲紲。乃喟然而歎曰：「是余之罪也夫！是余之罪也夫！身毀不用矣。」退而深惟曰：「夫詩書隱約者，欲遂其志之思也。昔西伯拘羑里，演周易；孔子戹陳蔡，作春秋；屈原放逐，著離騷；左丘失明，厥有國語；孫子臏腳，而論兵法；不韋遷蜀，世傳呂覽；韓非囚秦，說難、孤憤；詩三百篇，大抵賢聖發憤之所為作也。此人皆意有所鬱結，不得通其道也，故述往事，思來者。」於是卒述陶唐以來，至于麟止，自黃帝始。

司馬遷將歷史上的「抒發怨憤」特徵，推而廣之成爲普遍規律，對中國詩學產生很大影響。到唐代以後，李白、杜甫、白居易、韓愈、柳宗元等大詩人，更將詩言志之「發憤抒情」發展成美學特徵，此即「不平則鳴」說。經千百年詩人鍛練，終於成爲中國詩學的一種「憂患傳統」，此類作品在歷史上亦有最大之量。

一信《頭顱》集此類詩作也是最多，這當然和他走過戰亂苦難年代所見聞有關，包括有：瞎、聾、強風惡雨襲台灣、族群融合說、愛國的魔力、記莫克拉災難、豬說說豬、世界在看的台灣選擇、老人與狗、這天是節日、春秋怒火。其他類型作品也頗多不平之意涵，爲分配之便，於相關節文略述。賞析「瞎」這首短詩。（註二一）

真實世界　我比誰都看得清楚
心眼　才是最銳利的眼睛
能看清虛假　偽裝　掩飾
的背後　幕後真相

你們根本看不清我
甚至看不見我　卻
指稱我瞎　想矇我　黑我
其實　真正瞎的是燈光　陽光

這是一首多層次意義的詩，先是針對真實世界中的盲者，有以爲弱者好欺，殊不知他心眼很清楚，可能就先下手爲強。其次，許多人自以爲聰明，以爲別人都是瞎子，盡想欺人，欲反被人欺。詩的最後一句很有趣，「真正瞎的是燈光　陽光」，因爲燈光陽光對盲者不起作用，也諷刺明眼人比瞎眼人差，明眼人只看到假相，瞎眼人用心眼看到真相。孔子說：「若一志，無聽之以耳而聽之以心，無聽之以心而聽之以氣。耳止於聽，心止於符，氣也者，虛而待物者也。唯通集虛，虛者，心齋也。」這即是「興」的審美特徵，在無拘無束、聽任自然狀態，主體心境達到「忘物忘我」的境界。（註三）「心齋」者，用志不紛，閉目塞耳，不以感官接物，而以心通物，「氣」是「靈氣」，即心靈，達到心靈神思與萬物同在，也就到了「用志不紛、乃凝於神」的審美專注，藝術想像的翅膀也就張開了。

「聾」是「瞎」的姊妹品，「雖然聽不見鷲鷹的高亢政治鳴囂／卻清楚聽到歲月的腳步聲」，但有較強烈的抒發不滿，具有批判性。這兩首詩也有「台灣社會的針對性」，指出台灣社會的聾、瞎心態，卻常把目標指向別人，說別人「聾瞎」。這種社會「癌」的形成，多少和統獨之爭有關。只能是說是台灣社會的「共業」，只有歷史能解決。「春秋怒火」就是用幽默方式，表達強烈的政治、社會不滿怒火。（註四）

深夜獨飲　貪杯大醉　恍惚間
闖入了時空隧道　遇見了
左丘明　公羊高　穀梁赤　三位大師
——正氣憤不已討論其創作：

左公自許《左傳》內容豐富且記史詳實
公羊、穀梁兩氏則自負其作品
能「微言大義」對後世有絕對正面影響
並一致怒斥台灣竟認其等著作思維的荒謬

我即趨前安慰　並言：
尊作有關雲長先生長期徹夜不眠
不斷捧讀並身體力行足可慰生平了
他們聽後問我是誰？
知道我是六十年來居住台灣之人後
勃然大怒　聲稱：你這久住於
東方之東蕞爾小島心胸狹窄之人
居然與我等論春秋大義？走開！
我聽後也不禁怒火衝天　反斥道：

本人寫詩逾五十年，年近八旬
你等寫了多少年？年齡多大？竟然
對我不敬重　枉稱讀書人　知識分子
四人一起怒火中燒　他三人燒燬「時空」
我則燒燬了《春秋》

這是一首絕妙好詩，想像的翅膀突破了時空，這正是所謂「思接千載」。

先說春秋三傳的微言大義或春秋大義，其內涵主要是論述「中國大一統」的應然、實然和必然，其次也談到仁政、愛民、清廉、反貪腐等政治思想，但三傳之源頭仍在孔子的《春秋》一書。即是說，三傳都是在闡揚孔子的《春秋》思想，三傳之間亦有差異，各有不同重點。（註五）惟對中國必須維持在統一狀態，不僅認爲是應然之真理，若有暫時分裂也終歸統一的必然信念，歷史上稱大一統爲「萬年憲法」，不可改！不會變！

很顯然的，詩人回到歷史時空，以三位大師之名，批判台獨份子，批判台獨思想和行爲。這首詩還有言外之意，以極少數的台獨份子，污名化了所有台灣居民，讓列祖列宗以爲所有住台灣之人都是不肖子孫，「東方之東蕞爾小島心胸狹窄之人／居然與我等論春秋大義?走開！」真是一粒老鼠屎壞了一鍋粥。

這個結果也等於說，所有台灣人死後都沒臉見祖宗十代，列祖列宗不承認你是炎黃子孫（因你搞台獨，成爲「非中國人」，當然就不是炎黃子孫了。）這首詩能感動天地鬼神，當然也能感動許多人心。

從詩的意境建構看，這詩純然是「造境」之作，即主觀虛構，境由心生，相隨心轉，此在講意境章節詳說。

同樣有很高政治批判，抒發詩人悲憤之作，是「世界在看的台灣選舉」一詩，其末兩段「今天記得明天記住歷史要紀錄／真假無法檢驗　作弊無法檢查／分化人民族群省籍的對立對抗／這就是二○○四年之台灣民主／／世界一定笑話　歷史一定哭泣／醜惡的政客造成了醜惡的選舉／親友互相詆毀　人人悲憤痛苦／——二○○四年的台灣選舉」（註六）自從二○○四年大選，以陳水扁、邱義仁等台獨份子，以作弊、造假方式，製造「三一九槍擊弊案」，台灣社會陷入徹底分裂，族群分裂，兄弟反目，父子成仇，這是全民之痛，也是詩人之悲憤，那些首惡，死一百回，發落到無間地獄，關一萬年苦牢，也不能補其罪！

這首詩，一信非一信，一信成了左丘明，成了公羊高，成了穀梁赤，他正在寫一部

《詩史春秋》；看另一部春秋，「強風惡雨襲台灣」。（註七）

倏然 颳起了一陣貪腐龍捲風
有些人的心 或肺 被捲走了
於是 有人移植了狼的心
也有人移植了狗的肺
有人想移植白兔的心 白鴿的心
卻與現實規格不合而無法移植
因之 社會上有很多很多
狼心狗肺或沒有良心的人

突然 天上落下了族群對立的強酸雨
有人眼睛被腐蝕了
有人頭腦被酸毒侵入了
也有人血液中滲透了毒素

於是　社會上有很多很多
瞎了眼的人或滿腦惡毒思維的人
也有渾身循環著仇恨血液的人

盼望神或新科技智慧能醫療好這些病人

這是台灣社會，很悲哀又很叫人同情的社會。爲何「同情？」回想歷史也真的戲弄了台灣（和人），鄭成功收回台灣是爲「反攻大陸」之用，偏偏鄭老先生取台之第二年（康熙元年、一六六二年），兩腿一伸就走了，他自我成就爲民族英雄。但他的兒孫分裂成統獨兩派，進行無情的政治鬥事（如今之台島），直到中國重回統一。安定兩百多年後，又因滿清無能，割讓給東洋狼狗……啊！不堪回首。可悲又可恨的，如今的台灣怎麼又滿街狼心狗肺之人，台灣成爲被歷史詛咒、被世界遺棄的「不適人居之島」。大款的能跑的都重回唐山，跑不掉的小民窮詩人們，坐困這「惡魔島」看朝庭之上狼狗的吃相。

從詩的寫作方法上，運用了新的醫學科技，許多人沒了「良心」，於是「移植」了

「狼心」和「狗肺」，詩人含蓄，不直接罵人狼心狗肺，而是「移植」來的，妙啊！但台灣也有很多好人，他們移植白兔和白鴿（善良與和平），可惜「卻以現實規格不合」，表示好人、善良的人或和平的人，在台灣不能生存。

這些狼心狗肺的人是誰？陳水扁說「太平洋沒有蓋子，外省人不想住台灣去跳太平洋吧！」

游錫堃說「中國猪滾回去」！「突然　天上落下了族群對立的強酸雨……」，強風惡雨襲台灣！有誰知道詩人心中的悲痛！

也好！讓這些悲苦醞釀成詩，李贄在《焚書》言「無悲無愁無憤無怨則無詩」，中國詩的感人處在此。杜甫的偉大在於他憂國憂民的情懷，他和時代的苦難人民站在一起，以人民的苦難和社會之人禍爲詩的「肥料」。歷史太弔詭了，人人痛恨戰禍、貪腐、狼犬，卻代代有之，讓詩人有用不完的「肥料」；愛國詩人陸游的悲憫籲天，**「數年斯民阨凶荒，轉徙溝壑殘相望。縣吏亭長如餓狼，婦女怖死兒童僵」**，看吧！狼心狗肺之人，還真是不絕於史，到底是少數人有「狼心狗肺」之本性？或詩人須要「肥料」？誰能解這詭（鬼）異的問題！

我還是要相信這世上多數是好人，像李登輝、陳水扁、游錫堃……這類「人魔」還是少數，他們是一種「異形」。而且我們說「狼心狗肺」，也是污名化了狼和狗，我認為狗都是好狗，只有人中有壞人。「老人與狗」一詩中的狗多可愛！多忠誠。（註八）

老人坐在輪椅上　張著
　偶爾清晰　長時迷惘的眼
……
想看到離開不久的一隻老狗快些回來
……
突然景色驟變　而他的衣褲穿到了狗身上
狗的毛及尾巴　四隻腳都長在他身上了
醒來沒看見狗　立即抬頭等待與盼望
　想立即看清狗及自己
等著　想著　眼淚從盼望中流入夢中
如今　真的狗是他而他卻是狗了嗎？

「老人與狗」部份

這也是抒悲憫之情，只是對象不是政府或政客（但也有關），而是老人，這世上確是有許多人活的不如狗，不光是老人。這首詩用人狗地位互換方法，彰顯這位老人的處境，質問有關單位（或老人的子女）：這老人到底是人是狗？而有些狗過的比人好，牠是狗是人？？？

這世界許多問題、現象、本質如「莊周夢蝶」，到底是莊周還是蝶？誰變誰？是不是夢也還尚待查證！

無論如何！言志發悲憤之情，不論憂國憂民，或針對個別領域（如老人問題），都不僅是詩人個人憂思，而是整個大社會、大歷史的真實反映。代表著深廣的憂患意識，是「民怨」的一部份，是哀怨之詩能流傳的原因。

註釋：

註一：漢・司馬遷，《七記》（台北：宏業書局，民國七十九年十月十五日），頁三三〇一。

註二：一信，《飛行之頭顱》（台北：新北市政府文化局，二〇一二年十一月），頁三三。

註三：陳慶輝，《中國詩學》（台北：文史哲出版社，民國八十三年十二月），頁一九八—一九九。

註四：同註二，頁九六—九七。

註五：陳福成，《三月詩會研究》（台北：文史哲出版社，二〇一〇年十二月），頁三四—四三，可略知春秋大義重要內涵。

註六：同註二，頁五二—五三。

註七：同註二，頁三八—三九。

註八：同註二，頁五四—五五。

三、溫柔敦厚·哀而不傷

——中國詩歌的理性主義精神

中國詩歌的發展，言志抒情以含蓄蘊藉爲上，推崇溫柔敦厚的藝術風格，也是一條鮮明的路徑。這種抒情觀來自儒家文化的影響。正如梁漱溟所言，中國社會理性早啓，文化早熟，先秦時期的九流十家已開啓理性主義。（道家主張突破理性束縛，但非主流思想。）

所謂理性精神或理性主義，其核心是以倫理道德爲人們行爲準則，並擴大到政治、文化、軍事、社會各領域，君臣、父子、夫婦、朋友、兄弟，爲政、爲人，全部納入倫理秩序的軌道。在這理性大宗旨規範下，中國詩歌必然受到倫理道德影響，所謂「發乎情、止乎禮義」，所謂「樂而不淫、哀而不傷」，所謂「溫柔敦厚」，也就成爲中國詩學優良傳統之一。（註一）只是這種規範在禮義內的「詩情、抒情」，在浪漫主義者觀之，是綁手綁腳的框框，那是另一條「詩路」了（可參看第十一章）。

雖說「溫柔敦厚」是儒家含而不露的抒情觀，卻也是中國詩歌「含蓄」的藝術表現原則。所謂「含蓄」，包含簡潔、凝縮、含蘊，富於概括力，《文心雕龍・隱秀》，用一個「隱」字表達含蓄，「有秀有隱，隱也者，文外之重旨者也；秀也者，篇中之獨拔者也。」（註二）故現代論詩者亦說：「詩，是精練的藝術。鋪張浪費、拖泥帶水、冗長繁贅都是詩的癌症。」（註三）這也是在含蓄的說，不含蓄（直白、淺露），都是詩的癌症，沒救了。所以，中國詩之言志抒情，更貴在含蓄的抒情，「意在言外，而怨幽之情自見，不待明言之」（胡仔《苕溪漁隱叢話》），那才是佳品。

在一信《頭顱》集中，選取「溫柔敦厚、哀而不傷」的含蓄詩作有：有龍東來、龍、真假虛實、與龍同在、非關情意、嗨！來喝春酒、太陽及我的照片、夢詩記、清算反璞歸真、詩酒迎友十萬里、鏡前自照四帖。以下兩首最具此類型之代表。

龍——贈花甲白丁及與其相同命運老兵

你是龍　從內陸之九天雲瀚
跨滄海遨遊　曾掀起滔天風浪
也曾　潛入深海
抑志而弭節　神高馳之邈邈　註一
滿身麟甲　刀槍彈火不能侵
頭角崢嶸　朝飲木蘭之墜露
夕餐秋菊之落英　註二

曾以雷霆風雨　護庇千萬黎民免於兵燹
更曾建千萬工程富裕台灣鄉土庶黎
如今老矣　但精神麟甲仍光燦
史蹟將永傳——何不以至樂賦歸天際
——駟玉虬以椉鷖
溘埃風直上征　註三

註：一、二、三均參閱屈原《離騷》。

有龍東來——獻給來台之老兵

西天赴東海
騰雲凌波飛蓬萊
水淺窘沙灘
營龍潭顯威

庇護千萬眾生靈
尬敵豐鄉鄰

六十餘寒暑
老龍幼虬夯天地
慶梓桑寧安

小註：仿日本古典俳句略季語

這兩首詩算是姊妹品，均屬龍種，內涵一則有整體性，一則較個別性。但時代背景是相同的，來台老兵，他們扛起整個時代的悲情和「共業」。

幾乎所有寫來台老兵（一九四九年前後）的作品，不論詩歌、小說、散文，無一不「悲情、幽憤」，但這兩首詩將悲情和幽憤「含蓄」起來，藏隱於悲壯之後，也算「溫柔敦厚」了！

先賞讀「龍」，贈花甲白丁及與其相同命運老兵，這裡所指「相同命運」應是普遍性的共同命運，而不是個人之起落命運之相同。第一段「滔天風浪」就是台海的幾回國共戰役，之後「深入深海」指徹底退隱，抑志而弭節。第二段帶著一身傲骨過著平淡日子，第三段回憶曾經有的輝煌，建設台灣成今之繁榮，如今老了，一切歸於平靜，史蹟讓歷史去傳揚。這首詩用了屈原《離騷》中的三句話，強化說明那些戰火、功業乃至個人輝煌，已是很遙遠之事，如今都隨風飄去，以快樂平靜之情回到極樂世界。前節才說屈原《離騷》之抒情，是「抒情怨之情、發幽憤之思」，這裡怎又成了「含蓄蘊籍、溫柔敦厚、哀而不傷」？此在歷史上有過爭論，須得說明。

漢代在評價屈原作品曾有一場筆墨官司。司馬遷承劉安觀點認爲《國風》好色而不淫，《小雅》怨誹而不亂，《離騷》則兼而有之，指出屈原的政治抱負和《離騷》風格，文約和辭微的特色，體現怨而不怒，哀而不傷的抒情觀，符合溫柔敦厚的藝術表現。班固承揚雄觀點，意見完全相左，他在《離騷序》有一段話批判屈原的鬥爭性。（註四）

> 今若屈原，露才揚己，競乎危國群小之間，以離讒賊。然責數懷王，怨惡椒、蘭、愁神若神，強非其人，忿懟不容，沉江而死，亦貶潔狂狷景行之士。多稱昆侖冥婚宓妃虛無之語，皆非法度之政、經義所載。謂之兼詩風雅而與日月爭光，過矣。

歷史若接受了班固、揚雄看法，吾人今日就沒有端午節和詩人節。屈原雖滿腔悲憤，內心骨裡仍是忠厚平和之氣，不直言人主之過，多嘆自己懷才不遇；不斥時政腐敗，只哀民生多艱，也是《詩三百》的含蓄、敦厚。此後，詩評家多肯定屈原《離騷》，對己言是發憤抒情，對人言進行諷諫，有「優游婉順」的藝術之美，亦合於「溫柔敦厚」的傳統詩觀。

另一首「有龍東來」已揚棄悲情，並樂於「落地生根」，小龍一個個出生，夯得歡天喜地了。同屬龍種，還有「與龍同在：悼楚戈」。（註五）

走過戰爭災劫
歷經艱苦的訓練磨難
炮火中脫身而出
由軍人蛻化成詩人　藝術家
再鑽研成古物鑑定學者

更進入史籍研究創作
楚戈 你走的路太長太長了
也 充滿苦難艱辛與光輝燦爛

愛情陽光中浴身
尋覓快樂 擁抱慰藉
為一條蒼老巨龍寫史
歷三十載完成 而你
已與愛同在 且將
與龍同在 與史同在

這首詩等於把楚戈的一生事業和創作，含蓄的隱於詩句，軍人、詩人、藝術家、古物鑑定，及最後完成的一本書《龍史》，還有他的黃昏之戀。身爲一個男人，最後有一個所愛的女人陪伴在身邊，加上已完成的《龍史》，可謂事業和愛情皆圓滿。楚戈一生也經歷不少苦難，但這首詩已揚棄苦難悲情，抒發成陽光燦爛之情，強調中和之美，頌揚人生的愛與美。此亦正合中國「詩貴含蓄」的審美觀，忌其鋒芒畢露，要以含蓄爲原則。《野鴻詩的》云：「詩三百篇，曷貴乎？貴其悲歌歡愉怨苦思慕，悉有婉折抑揚之致，蘊蓄深而手神遠，讀之能令人暢支體，悅心志耳。」（註六）另一首「夢詩記」則是抒含蓄與憂心之抗議。（註七）

晌午小眠竟惡夢連連　夢中
我詩集中的詩　不斷崩裂　溶解
有的整行被風尚捲入空中擊散
有的整句落入潮流裡浮沉
也有些詩被意識支解得殘缺無法站立
字　也各自跑向不同方向
當我急急阻攔它們不要出走
但它們卻抗議我不當使用糟蹋它們存在
不久　我的所有詩集都成了空白

驚醒後　我難過地走上街頭散心
在一家書店門口遇見很多詩集因進不了門
而憤怒地嗆聲抗議　也有進門後即被逐出
我進入書店卻看見一些詩集都被擠壓瀕斃
沒有一本擺在風光的檯面上

我決定回家找回逃亡受傷的詩
與它們認真商討　辯證　作自我制裁！

最近（二〇一三年春），三月詩會照常雅聚，一信在會中說「寫狗就要把自己當狗，寫石頭就把自己當石頭。」這是寫作方法的問題，說擬人、比喻，物來感人或人往動物皆可，一信在這種方法的發揮可以說接近「登峰造極」了，《頭顱》詩集每首詩都是鐵案如山的證據，可受公評；一信又一再「佔領」北台灣文學版圖，更證明了他的實力。「夢詩記」除了溫柔敦厚的抒情，含蓄憂心風格，也是每個詞字都長了翅膀的詩。

用了不少現代詩語言技巧，「我詩集中的詩　不斷崩裂　溶解」到「字也各自跑向不同方向」，表示詩人所經營的「詩國」已經瓦解，這也象徵現代詩的生態環境因科技電腦的出現，詩的「市場」瓦解了！寫詩的人比讀詩的人多，詩人不斷抗議，但抗議無用，詩集出版後進不了書店，進了書店也被其他流行書「擠壓瀕斃」，沒有一本放在風光的檯面上，且放不久亦被逐出門。詩集被逐出門，等於詩人被「掃地出門」，詩人該不該「抒哀怨之情、發幽憤之思」。然而，因詩人含蓄，爲顧及溫柔敦厚的詩教，詩人只想回家找回逃亡受傷的詩，認真討論對策。結果呢？還是向屈原學習一些方法，屈原自沉江底，詩人作自我制裁！

這首詩在感官運用上，有聽覺（詩在嗆聲抗議、詩不斷崩裂），視覺（字各自跑向不同方向、整行被風捲入空中），以及「逃亡受傷的詩」，這些都形成一幅「詩的動畫」，使意象更鮮活，動了起來。

從意境來說，這是一首「造境」之作，完全是寫意，寫心中之境，再加「夸飾」之功，詩乃和詩人（一信）平起平坐，商議談判。詩是一信，一信是詩，一幅迷離、空靈的詩畫意境，於焉完成。

註釋：

註一：陳慶輝，《中國詩學》（台北：文史哲出版社，民國八十三年十二月），頁五一—五二。
註二：同註一，頁五〇。
註三：曹長青、謝文利，《詩的技巧》（台北：洪葉文化，一九九六年七月），頁一八七。
註四：同註一，頁四八—四九。
註五：一信，《飛行之頭顱》，頁一〇九。
註六：蕭水順，《從鍾嶸詩品到司空詩品》（台北：文史哲出版社，民國八十二年二月），頁一一〇—一一一。
註七：同註五，頁一五九—一六〇。

四、詩興：情往感物、物來動情、內外統一

興，和「詩言志」同是中國詩學的核心範疇，是中國人直觀思維特徵和整體性的審美體現。「詩興」是詩人直接感受到對象時，觸發聯想和想像、有所感悟而進行創作的

詩論說。（註一）是故，我以爲所有人類所創作的詩歌，從「興」的角度去理解，也都通過了「興」的思維，因爲人從出生開始進行一生的學習之旅，必是「情」和「物」的互動，直接有所感悟而學習成長。一信這本《頭顱》集當然也是，每一首詩都是「情往感物」和「物來動情」的成果，至於是否達到內外統一，是另一個境界問題。

興的基本形式是「感於物而動」，這個「物」是指客觀世界的一切，春夏秋冬、有情無情、花草樹木……若要再分解，則可區分「物來動情」和「情往感物」。

先說「情往感物」，是移情入景或景隨情生，最簡單且又眾所周知的例子是老歌「王昭君」中的情境，「凝眸望野草，閑花驛路長。問天涯茫茫，平沙落雁，大道霜寒，胡地風光，賸水殘山，殘山賸水，無心賞。」山始終是山，水始終是水，不賸不殘。爲何王昭君眼中成了「殘山賸水」？當然是因爲心情不好，大美女被當成「物」送給胡人，心中鬱卒，所見一切盡是破敗的。是故，情能轉境，如同樣是山，白居易看是「吳山點點愁」，辛棄疾則是「我看青山多嫵媚，料青山見我應如是。」王昭君看就全是殘山賸水了。

再說「物來動情」是觸景興情或情隨景生，詩人被客觀之「物」激起感情漣漪，牽動情緒，產生創作衝動。在理論上，「物」先於「情」。也有一首英文老歌是最佳範例說明，「The River of No Return」、「There is a river called the River of no return. Sometimes it's peaceful and sometime wild and free. Love is a travler, on the River of no reture……」

江水東流只是一種自然現象，只是水流情境，意象叫人想起一去不回的感傷，覺得要把握當下的愛。相同的形式，如李白的「靜夜思」，「床前明月光……」，另一首「長干行」，「八月蝴蝶黃，雙飛西園草。感此傷妾心，坐愁紅顏老……」都是物來動情，詩人感物起興的一種創作形式。

我以爲，詩興形式的「物來動情」和「情往感物」，做爲一道方法論之工具，進行詩創作的欣賞或解析則可，但此二者不能獨立分開，以爲一首詩純是「物來動情」，或全屬「情往感物」，這是不可能的，在《頭顱》集中亦找不到一首詩來做可以這樣解析。

是故，在本節解析《頭顱》詩集作品，詩興之「物來動情、情往感物」視爲統一體，只有進行分析時才做主客的不同情境研究。《頭顱》集選爲詩興研究的詩亦多：筷子、陰道獨白、春象素描、一朵花無限可能、春天之面容、木雕菩薩像、春到人間、看後現代、一隻蚊子在想生存、看貓熊、無尾熊、看哺乳、人何寥落鬼何多、背心、手杖、鏡子。試先品賞「春天之面容」。（註二）

春天有耳朵嗎？有！
不然她怎麼能聽到時間的腳步聲
　禾苗長出泥土的爆裂聲

春天有眉毛嗎？當然有
燕子飛翔　楊柳之舞動
不就是春天的眉毛嗎

春天有眼睛嗎？一定有
若無　她哪能看見花的笑容
　鳥懸掛在空間中之囀鳴

春天有鼻子嗎？絕對有
否則她怎會嗅到
風溫馨氣息　人呼吸中的喜悅

春天有嘴有舌有牙嗎？有啊！
她的味覺中有春雨的甜度
　氣候的愉暢味　以及清明之苦澀感
可能牙齒尚未長出來
所以無法咀嚼鷓鴣鳥咕咕咕的叫聲
　果實之豐盈味感
春天的臉有顏色嗎？有
就是妳或你臉上的顏色

這首「春天之面容」寫得活潑可愛。從意境上說，並非寫境、寫實之作，純是寫意，抒意中之境，境由心生之作。把春天擬人成一位美麗的小姐，春天有了眼、耳、鼻、舌、身、意，超可愛的，實際上是詩人發揮了超級想像力。爲發揮擬人動感，詩語言運用各種感官知覺，「時間的腳步聲」和「泥土的爆裂聲」是聽覺；「花的笑容」和「燕子飛翔」爲視覺，春天能感受春雨的甜度是味覺等等，都使畫面生動，營造「詩中畫、畫中詩」的效果。

從興的形式說，這是「感於物而動」之「物來動情」，自然景物、時令感蕩心靈，產生詩興。《樂記》說：「人心之動，物使之然也，感於物而動，故形於聲。」在這感的過程中，起作用的是「心」和「物」，即主觀和客觀的交流，詩之興便卒然而生。姜夔《江梅行》說：「人間離別多時，見梅枝，忽相思。」，這已是形像地說明了物感、感物的互動交流關係。

同樣傾向「物來動情」的，如「春象素描」一詩也是，「初春是一隻小波斯貓／瞇眼喵喵嬌聲叫／令人喜愛　珍惜／／仲春是一隻雄雞……」（註三）以及妻之三形象（背心、手杖、鏡子三首），都是自然物的形態和人的情感特徵有了共通處，就能引發情感，啓動詩興。如見手杖想起老妻的種種幫助，背心想起妻子的溫暖。而白居易見流水，引無限情思，**「汴水流，泗水流，流到瓜洲古渡頭，吳山點點愁。思悠悠，恨悠悠，恨到歸時方始休，月明人倚樓。」**（長相思）見水流，起思情，並非水有情，而是離意別情之「象」如流水般悠悠無盡。流水、手杖、背心、梅枝都是客觀之物，但詩人若不動情，沒有啓心動念，主客也是兩條平行線，永無交集。這也是我說「物來動情」和「情往感物」不能各別獨立存在的道理，就像「筷子」一詩，缺一不可。（註四）

兩隻筷子　同根生長　同存基因
成雙地見山撐開山　遇海撥開海
溝通脈管　奔騰血緣
身貌雖各自為體　實則相互依存為用
就這樣地硬硬繃繃挑挑揀揀夾夾
大家依靠著過好日子

一首多層次解讀的抒興短詩，直觀的隨感式思維特徵，也是「興」體抒情短詩在中國歷代發達的原因，以極少文字、意象、表達豐富的詩意。表面說筷子的功能，其次是團結合作的重要，「見山撐開山、遇海撥開海」產生很大動能。本詩的言外之意，也在說兩岸同胞要合作打拼，大家同根生同血緣，如同一家人，如兩隻筷子，搞分裂、分離，大家都沒有好日子過。另「看哺乳」一詩，則較傾向「情往感物」。（註五）

睜大眼睛　放亮瞳孔
看一位母親哺乳
看的　絕不是乳房之大小
豐盈高挺或瘦削扁平
更不是顏色之白黑或乳溝之長短深淺

看見的　是她懷中吮乳孩子臉上之
安詳　滿足　溫馨的神態　也
聯想到　這孩子成長中各年歲之神情

看哺乳　有人看見的是
聖母哺育聖嬰
有人看見的是
觀世音菩薩以楊柳枝揮灑甘露

滋潤養育眾生

看哺乳　看見一隻小虎
在這婦女懷中溫馴吮吸乳汁成長
看哺乳　看見一條小龍
在這婦女懷抱中吞珠吐珠

看哺乳　看見生命蓬勃成長
看哺乳　看見生命強勁延伸

我小時候住鄉下，天天都看婦女哺乳畫面，習以爲常，在門口、在庭外、田頭、榕樹下、河邊洗衣、媽媽們的「八卦陣」……我下有兩個妹，大妹小我三歲，小妹小我六歲，從我有記憶開始，處處看媽媽把奶頭掏出來餵奶，不僅看媽媽的奶，也看別家媽媽的奶，那時的媽媽都年輕，也都自然的隨時的當眾解衣餵奶……啊！那是一種永恆、純潔的美感，那種天真無邪的畫面經時間的洗練，永遠存放在腦海中不會消逝的意象。這是賞讀這首「看哺乳」，立刻就喚醒了我童年的回憶，想起母親解衣餵兩個妹妹的情境。有一回媽媽爲了給小妹「斷奶」斷不掉，使出激烈辦法，在奶頭上塗辣椒水，小妹吃的哇哇哭叫，斷了好久才斷奶，多麼美好的回憶！

曾幾何時！社會發展到所謂「開放」時代，我卻感到有些「封閉」，偶有婦女當眾哺乳被說成妨害風化；而另一方面，資本主義泛濫之下，女人被全面「物化」，美感、愛情被商業操弄成「物價」，並以標籤貼在女人身上。又把「乳溝」轉型成「事業線」，也太離譜了。這年頭到底是誰出賣了誰？太詭異了！

一信「看哺乳」一詩已超越了哺乳層次，而達到生命、態度和歷史發展的各種可能。前兩段在哺乳的層次，嬰兒的安詳、滿足是瞬間的美感，第三段提昇了母親的地位，眾生都來自母親所生。最後六行有最大的伸展，面對未來，這吃奶的孩子可能是以後的皇帝、總統、戰地指揮官、聖賢豪傑……決定人類歷史的命運。而他，現在正在媽媽懷裡「吞珠吐珠」，嘴巴吃奶，小手玩著媽媽另一個奶。多可愛的畫面！這詩「詩中有畫、畫中有詩」。

詩興的形式雖有「物來動情」和「情往感物」之別，但二者須互動乃至統一，否則意境不能產生。有時候詩人可以把自己徹底「隱藏」（無我），以物觀物，造出無我之

境，如「一隻蚊子在想生存」。（註六）

吸血是為生活
也是為生存
這 是罪惡還是必需？
……
別用教育或環境的毒液撲殺我
等我想清楚了生存與必需的關係後
才能清楚而安心地死去

「一隻蚊子在想生存」部份

詩人現在以蚊子的立場發言，吸血是蚊子的正常用餐，也有言外之意，有些人類的行爲才真的在吸血。蚊子吸血只是生存和必需，人類無數惡行吸血，都超出了生存和必需，人才要好好反省。雖說以物觀物，無我之境，大體都是託物抒情，以婉曲的技巧，吞吐情意，蘊藉含蓄。情和物達到完全的融合，內外統一、主客合一的境界於焉出現。

註　釋：

註一：陳慶輝，《中國詩學》（台北：文史哲出版社，民國八十三年十二月），頁一七三—一七五。

註二：一信，《飛行之頭顱》（台北：新北市政府文化局，二〇一二年十一月），頁七九—八〇。

註三：同註二，頁八一。

註四：同註二，頁二九。

註五：同註二，頁一一六—一一七。

註六：同註二，頁一〇八。

五、意境：意中之境、境由心生

常聽到兩句廣告詞，「天然也尚好」「自然就是美」。確實，現在因人工化學太嚴重，危害人體健康，大家又想要回歸自然，過過「原始生活」。

詩的意境也是同樣道理，須要天然、自然，意境就自然天成了。所以，中國詩的意境思想起源於古早時代，《詩經》意境最爲自然天成，作品幾全是「言有盡而意無窮」。傅斯年先生曾講到，吾人要領悟詩經作品的意境之美，要破除兩個主觀（認清詩經作品的兩個本質面），第一是詩三百篇乃自山謠野歌以至朝廷會享用的樂集，都是爲歌而作，爲樂而設的。第二是後人對詩藝術發展出太多「人工技巧」，遮沒了詩三百中的自然摯情。後人做詩雖刻畫極細，意匠曲折得多，都失自然意境之美，傅先生認爲這是一種衰落。（註一）不如詩三百篇沒有刻意爲辭的痕跡，而自成美文，意境自然天成。

不能叫歷史不要走，歷史走下去必定會發展出一些東西。我以爲，詩歌的意境理論經幾千年發展，我們依然沒有偏離《詩經》作品的自然意境，並且發展成中國詩學的結晶。竟境，必須體現自然（自由自在的情境）的審美追求，是中國詩最深刻的本體和藝術靈魂。（註二）中華文化的藝術領域，亦無不追求深遠的意境之美。

詩歌意境從「有」到有「學說」，始自晉代陶淵明，他棄官歸隱，投身大自然懷抱，秀美的自然環境對他的詩歌藝術起了重大作用，他的「飲酒」被認爲是意境學說的萌生。（註三）

結廬在人境，而無車馬喧。問君何能爾，心遠地自偏。採菊東籬下，悠然見南山。山氣日夕佳，飛鳥相與還。此中有真意，欲辨已忘言。

因爲這首詩明確提出「境由心生」的觀點，陶淵明應是意境說的先驅。他的詩語言，質樸自然，清簡平淡，這正是意境須要的條件。他以後的中國歷代大詩人，如王維、孟浩然、李白、杜甫、白居易、蘇軾、陸游……在意境追求上，無不受到他的影響，清代詩人龔自珍的意見值得我們重視，**「陶潛酷似臥龍豪，萬古潯陽松菊高。莫信詩人竟平淡，二分梁甫一分騷。」**（註四）歷史對陶詩評價極高，認爲陶淵明是屈原以後，杜甫以前最偉大的一位詩人，而對陶詩的意境自然，則歷史上永遠無人能企及了。

意境之說，尚有三境、寫境、造境，及浮游、逍遙之審美本質。本節先把重點放在陶淵明的「境由心生」，意境可由心造、心取，南山的獨立自在，飛鳥的相與自由往還，這是客觀之境，更是詩人「意中之境」。

一信的《頭顱》集，選爲「意中之境、境由心生」詩作有：飛行有頭顱、阿里山有腳、時間、影子、失眠之夜、加護病房　病對我說、一個幻影、鈴聲響起、寂寞的詩、我要抗癌、我對病說、奠祭自己、老人的路。

意象是詩的組成（個別元件），意境是詩的整體，所以詩不能沒有意境，不論寫實、

寫意或浪漫，都要有意境、選取只是一種代表性。先賞讀同時做爲書名的「飛行之頭顱」一詩。（註五）

頭顱展開耳朵翅膀
乘音波離開身體飛行
來到一處有很多頭骨地方　見
每顆都眼睛空洞　頭殼虛空
耳朵連根都沒有了　看了心驚
它們同聲吶喊：　是
被歷史砍了拋棄於此

頭顱乃趕快回到身體上
連結血肉　放射強大眼波

這是一首和真實世界完全不合的詩（指與科學的「真」），類似這種「境由心生」

的作品，古今甚多，最有名如王維的「雪中芭蕉」，張繼「夜半鐘聲到客船」等均是，意中之境也多是虛構之境，表達一種空靈、迷離的境界，這類的詩不一定要有明確的解釋，通常是詩人的心境呈現，提供想像欣賞，難以言傳，此即所謂「一落言筌、便生塵障」，只能通過感悟和尋味而得，不可以言語講明。

中國詩學的意境理論，除有《詩經》傳統外，也受道、佛影響極大，這種境由心生、意中之境應是受佛教禪宗影響，如佛在靈山拈花，「萬法唯心」，一切都只能以心傳心，心領神會。

當然，「飛行之頭顱」也不全然不能解釋或理解，一信經常提到「一首詩讀幾回都看不懂就不是好詩」，這首詩在象徵現代社會人心的分離、分裂、沒頭沒腦的現象，或心身不一的矛盾情節。至於「很多頭骨地方」，大概是被集體屠殺埋葬的墳場，這種地方古今以來也到處都有，都因戰爭、衝突、種族屠殺所致。所以，「飛行之頭顱」也有鮮明的批判意義，批判歷史，批判戰爭。再者，很明顯的也在批判台獨，台灣和中國是完整的身體，不可分割。

「阿里山有腳」是一首趣味性的寫意之作，完全是通過想像力的翅膀讓「意中之境」起飛的。阿里山當然不會長腳到處跑，而是各地觀光客湧向阿里山，但詩人說「阿里山

有腳　跑去彼岸大陸逛一趟回來……阿里山有腳　走到一對小情人面前」，最後阿里山「沒穿鞋就赤足跑到一位詩人面前」，詩人高興了，這首詩就誕生了。（註六）另「影子」一詩，把人生用八個字表述過程「挺直、彎了、橫了、沒了」，寫意又寫實，含蓄精簡又引人無限思索，乃至促人反思人生之短暫。（註七）

月光下　影子挺直——對月高歌
月光下　影子彎了——對月嘆息
月光下　影子橫了——對月無語
月光下　影子沒了——沒了？沒！

月光千千萬萬年仍是月光
沒了的影子已變成另外很多個影子

這是許多人的一生，年過中年很快「彎了」，不久「橫了」（躺下了），然後「沒了」（拉去埋了），但不一定能「沒了的影子已變成另外很多個影子」，這是詩人一信，他現在兒孫滿堂，長子徐懷鴻還承接父親的詩筆，由他接力去對月高歌，歷史是這樣前進的。

「一個幻影」也是許多人的人生掙扎，具有普遍性意義，對人生是寫實，所造之境則是「境由心生」；惟在「將生、已生」之間的「意」，又是一種「意念」，只有意念不是詩，要把意念鋪展出來才能成功。所以，意念是詩的動機，也是主題。（註八）吾人常言「意中之境、境由心造」這個「意」境，不能落言筌，不能言說，只能感悟領會，因爲「意念」的本質是瞬間、漂忽，靠詩人的功力才能「捕捉」得住，如「一個幻影」，如何捉住?如何鋪展?（註九）

一個影子　寸步不離地跟著我
吃孔子種的糧食
飲老子架管線引進的水
曬釋迦牟尼廣場的太陽
穿現代服裝　著科技配件
寸步不離地跟著我

他有時對我非常親切　坦摯相處
給我很多大大小小的幫助
有時卻非常叛逆　予我深切痛苦
竟有時抓破我臉　刺傷我心
甚至搞亂我的腦神經
與我激辯　爭吵　將我痛罵

這個須臾不離的影子
丟不掉　甩不脫　阻離不了
也實不干心受他折磨
乃時刻尋思逃避或消除之方
我終於想到了　想到了
只要消失自己就不受他糾纏了

這是一首捕捉、鋪展意念的寫意之作，第一段的情節當是想像、虛構，老子並沒有架水管引水，孔子也沒有種糧放到現在，完全是心境，心生之境，表示詩人受儒、佛、道三家思想影響，「吃孔子種的糧食」等詩語言，則是鮮活、寫意又寫實的比喻。

二、三段都是人生自我的掙扎和追尋，那「幻影」就是「我」。眾生人人都有一個「我」身，但徹底弄清楚「我」，知道「我是誰?」的人不多。我有「身體的我」、「精神的我」；人從動物演化而來，雖然五百萬年演化，獸性還在，故在「野獸的我」；我們已是人，有人性；人人都有佛性，故也可以說「我是佛」，看倌讀者，「你又是誰?」

一信先生近幾年身體欠佳，多次進出醫院，有不少與病共舞的詩作，如「加護病房病對我說」、「我要抗癌」、「我對病說」，雖是病況寫實，但心造之境使意境深遠，想像力翅膀都飛了起來。賞讀「奠祭自己」，詭異之境。（註一〇）

雨　滿天漫地落著
我在雨中泳泅
掙扎在清明節之洶湧波濤中

泅過鮮花　泅過人潮
泅過伸著頭的墓碑
泅過伏著身體的墳墓
及看不見數不清的鬼魂

泅過了一山青草與一片腳印
泅過了一堆冥紙與一陣火焰
泅過了一天香火與一地灰燼
泅過自己情緒的沉與溺

終於抓住沒有五官血管的岸
比岸還真實的一瓶酒
我乃　啟開瓶蓋　舉杯
奠祭清明中的我　在
人鬼　陰陽　醉醒　死活與真假之間

完全的虛構、想像，意中之境及境由心生的創作，讓死亡形像以意象處理，鮮活（擬人）成詭異的意象，是很成功的詩語言，「伸著頭的墓碑、伏著身體的墳墓」，把墳墓和墓碑形像，轉成具象、意象，這須要功力，一場想像的生前告別式，這是詩人的幽默，詩人的自在。類似這種突破時空限制心境，還有如「鈴聲響起」，「恐龍自遙遠的侏儸紀傳來電話……關雲長由三國中的蜀國傳來電話……李白從盛唐……老子李聃從遠古大漠傳來……」（註一一）司空圖論詩之「超詣」，即「超越尋常也」，詩之妙在「言出天地外，思出鬼神表」；或「言在耳目之內，情寄八荒之表」。（註一二）本節所舉各詩，「飛行的頭顱」、「阿里山有腳」、「影子」等諸詩品、讀之如神馳八極，思之似游懷四溟，其造意甚妙，又如空中之音，相中之色，水中之月，鏡中之象，言有盡而意無窮，境由心生可謂至極矣！

註釋：

註　一：台灣開明書店，《中國文學史大綱》（台北：台灣開明書店，民國五十一年四月台二版），頁二一一—二一二。

註 二：陳慶輝，《中國詩學》（台北：文史哲出版社，民國八十三年十二月），第四章。

註 三：同註二，頁一二八—一二九。

註 四：劉大杰，《中國文學發展史》（台北：華正書局，民國八十九年八月），頁二八一—二八九。

註 五：一信，《飛行之頭顱》（台北：新北市政府文化局，二〇一二年十一月），頁三〇。

註 六：同註五，頁三六。

註 七：同註五，頁七五。

註 八：楊鴻銘，《新詩創作與批評》（台北：文史哲出版社，二〇〇二年十一月），頁四九。

註 九：同註五，頁一四九—一五〇。

註一〇：同註五，頁一三〇—一三一。

註一一：同註五，頁一一三—一一四。

註一二：蕭水順，《從鍾嶸詩品到司空詩品》（台北：文史哲出版社，民國八十二年二月），頁一二五—一二六。

六、意境：物境、情境、意境和實境

當我們談到「中國詩」的時候，表示有不同於世界各民族的詩歌特色，這個特色是什麼？正是「意境」二字。中國不論詩人、非詩人，只要是文人，或懂一點藝術欣賞的人，他在審美一個對象（詩或其他藝術），他心中第一個浮現之「意」，就是意境。

所以，中國詩人和詩哲孜孜以求，也讓西方文人嘆爲觀止的，就是中國詩歌的意境追求和特徵。故說，研究中國詩學，不探究中國詩的意境，是膚淺的和不徹底的。（註一）中國詩學的意境理論，到了唐代有了整體性的論述，以及意境超越客觀物象和主觀情思的特徵，有了新的認識。王昌齡在他的《詩格》說：（註二）

> 詩有三境：一曰物境。欲為山水詩，則張泉石雲峰之境，極麗絕秀者，神之於心，處身於境，視境於心，瑩然掌中，然後用思，了然境象，故得形似。二曰情境。娛樂愁怨，皆張於意而處於身，然後馳思，深得其情。三曰意境。亦張之於意而思之於心，則得其意矣。

後人對「三境」各有解釋，有言爲理解詩歌的三個階段，爲由物境到情境再到意境，是層次由低而高的過程。但一般較傾向「三境」是三種類型的詩歌意境，「物境」咏物或山水，「處身於境、視境於心」，我用一信的語言表達，「寫狗就把自己當狗，寫石頭就把自己當石頭」之謂也，物境是「無我之境」（將「我」隱藏，不露痕跡，即完全客觀書寫。）

「情境」和「意境」是「有我之境」，詩人主觀情意力透紙背，鮮明可見。二者仍有區別，「情境」是詩人帶有濃厚情感色彩的詩境。而「意境」是意中之境、心生之境，根本不存在的，完全是詩人主觀想像的產物。

吾人研究中國詩學，談想像、虛實、意中之境、心生之境，存在或不存在，許多人一定被這真真假假弄得一個頭兩個大。一言蔽之曰「科學的真和文學的真不一樣」，舉實例，「黃河之水天上來」是文學的真，科學的假（錯）；「黃河之水來自巴顏克拉山」是科學的真，是文學的假（失真、失意）。是故，讀一信這本詩集中「飛行之頭顱」，「失眠之夜」、「一個幻影」、「阿里山有腳」，乃至其他詩集類似作品，雖如王維「雪中芭蕉」一樣，虛構之境，心生之境，不存在的幻境，但都是實實在在詩意境中的「實境」，文學上的真情真意。

這種在「物境」和「情境」中交融，在主客間交流，在虛實間交匯，以創造迷離的詩情意境，表達詩人心中之意，特為鮮明者，在《頭顱》集選出以下代表：路燈、山非山水非水、流星雨、飛鼠、缸中之魚、三盞燈、問星、芒花、冬。先賞讀「芒花」。（註三）

滿頭白髮　腰桿挺直
在寒風中舞蹈　我
細　長　直　無視折傾
不畏不懼地舞蹈

滿頭白髮　挺直腰桿
風中埋首寫詩
青天下昂頭朗誦
大地上搖身放吟
詩　充實了生命

草奔中一株草
頭上長芒卻自得為花
自在地於寒風中且舞且詩
且傲然自豪是不畏風雨酷寒之
芒花

第一段純是「物境」，詩人自我隱藏，不見有我，不知何者爲我！以物觀物，張芒花之形像。第二段立即顯現自我，以芒花形像投射到詩人自己的生命情境，「滿頭白髮挺直腰桿／寒風中埋首寫詩」，詩人以芒花自喻，活到老，寫到老，以詩充實詩人生命。第三段主客合一，物境情境交融，產生了意境「草莽中一株草／頭上長芒卻自得爲花／自在地於寒風中且舞且詩」，且舞且詩是這首詩中生動的意象。雖說「物境」無我，其實還是自我，如前面講詩興，「物來動情」和「情往感物」是互動的，只是人終究是主動者，情必投到物上，否則怎知芒花「無視折傾、不畏不懼地舞蹈」？再看「山非山水非水」。（註四）

山　自遠處奔來
在足下　兀地崇高
詩自土石中吼叫
也如猛獸奔馳

水　由雪山流來
流入心中浩瀚　成海成洋
乃詩　時而沉靜地婉約婀娜
時而　波濤洶湧翻海掀洋

山非固體　隨時光奔流
山非液體　在空間凝結
山非山　水非水　非非乃是
是詩奔流成凝結　生命凝結成奔流

這首詩有較明顯的「物境」「情境」交流，「山 自遠處奔來」，山不會奔來，是詩人的情境叫山奔來，這當然心生之境，是虛構之境，最後「是詩奔流成凝結 生命凝結成奔流」；山非山，水非水，都是人生的矛盾，誰凝結成誰？人生是迷離的，詩境也是迷離的，惟情意是真。確實，唯有真感情才是境界的實質，王國維說：「境非獨謂景物也，喜怒哀樂，亦人心中之一境界。故能寫真景物、真感情者，謂之有境界。否則謂之無境界。」（註五）王氏的境界形成還是以情景交融立論，再以「路燈」為證。（註六）

用光 在夜路的途中扶你好走
用光 在夜路的臉上展露善良
用光 在夜路的懷際洋溢熱愛
用光 在夜路的建造美好生活

我們 在黑暗中點燃靈魂生存
我們 在橋樑上亮點夢幻彩虹

我們　在時間讓夜越深越美麗
我們　在夜以繼日裡締造唯美

「路燈」後兩段

「路燈」按王昌齡「三境」說，應屬物境，詩人確是做到「處身於境，視境於心，瑩然掌中，然後用思，了然境象，故得形似」；但因情景交融的關係，詩人把感情注入路燈，境界於焉產生。「路燈」再證明「以我觀物的有我之境」，及「以物觀物的無我之境」，根本上說都是詩人主觀心靈的表現。從情境、意境和物境的交融看，「山自遠處奔來」是真，「黃河水之天上來」更是真。不論心生之境、虛境，只要是意境、境界出來，真感情出來，全是「實境」。司空圖《二十四詩品》如此論述「實境」。（註七）

取語甚直，計思匪深。忽逢幽人，如見道心。
清澗之曲，碧松之陰。一客荷樵，一客聽琴。
情性所至，妙不自尋。遇之自天，泠然希音。

實境是真實之境，此真實之境由詩人描繪而來，如何才會讓人覺得是實境？

取語甚直，計思匪深：用語直接，用思淺近，便覺是真實之境，可爲物境、情境或思境，也可以是意境，不論其境如何！予讀者真實感，就是實境。

忽逢幽人，如見道心：此即意境，介乎情境和思境之間，意之所出是情亦是思，非情亦非思。忽逢幽人是始料不及，如見道心是似真如幻，意境的飄忽無所拘泥，意境只有「大解放」才能出現。

清澗之曲，碧松之陰：乃清新而實有之境，實境而有曲折隱蔽；此亦物境，可實（詩人所見）、可虛（詩人心生），讀者均能感受此境真實。

一客荷樵，一客聽琴：荷樵、聽琴均是風雅之人，而又置身清澗之畔，碧松之下，可見其境之實。

情性所至，妙不自尋：情性發乎自然，境由此造，所謂境由心生是也，這是情境，源自感情充盈，不用自尋，也不假外求。

遇之自天，泠然希音：言情性之發，妙不可言，如與天道自然相遇，那樣逍遙自在，似可遇而不可遇，似可求而不可求。這是思境，觸景生情而得之實境。

不論物境、情境，詩有真性情就能產生有真實感的意境，若能情景交融更能提高意境之境界。但決定意境有無，還有「意象」。意象如房子的水泥、磚塊，意境是整座房子的完整性，故二者是兩個層次。意象是詩的組成元素、表層、具體、有限的；意境是詩的整體、深層、終極、無限的。對意境存在來說，「象」和「象外之象」不可分割，詩中沒有意象，意境就失去了存在的可能。

一信在《頭顱》集最後講到創作理念說，「一首詩，應是一完整之建築體。一段或一行詩，應有意象。」又說，「詩，一定要能感動人，不能令人感動的詩，絕對不是好詩。」（註八）這幾句話，可以概括現代詩（傳統詩詞亦是）研究的重要內涵。以本節「芒花」為例，滿頭白髮、腰桿挺直、寒風中舞蹈、埋首寫詩、芒花等都是創造出意境的必要意象，可從形像、具象感受到「意」之無限，這就是意境、境界。「流星雨」一詩也是理解物境、情境交融，創造浪漫意境的好實例。（註九）

星在那裡？是在
流星雨群中　或在
銀河的彼岸　或恆守在

時圓時缺時朗時晦之
冷月之傍

眼眸摟著兩顆星子
霧摟著一個倩影
夜摟著一個夢
她的髮上綴滿了晶瑩雨珠
流星雨淋濕了她的秀髮
也淋濕了唐詩宋詞中走下來的
一位老詩人夕陽色之長衫
這位老詩人總愛在雨中信步而行

一些客觀存在的物境（流星雨、月），啓動詩人想起一段往日戀情，與情人在雨夜中散步，整個真情真景的畫面於焉形成，意境就呈現出來。「摟」字是動詞意象，詩情有了動感，讓人無法忘懷摟著情人散步的美好回憶；兩顆星子是浪漫的意象，女友一雙水汪汪的眼睛，相對於末兩行老詩人著長衫在夕陽下散步，拉開了時空距離，時間竟走過了幾十年。不論「她」是誰？都是詩人一生美好的回憶，詩人，永遠是摟著一個夢的。

註釋：

註一：陳慶輝，《中國詩學》（台北：文史哲出版社，民國八十三年十二月），第四章。

註二：同註一，頁一三〇—一三一。

註三：一信，《飛行之頭顱》（台北：新北市政府文化局，二〇一二年十一月），頁一四八。

註四：同註三，頁八八。

註五：同註一，頁一三八。

註六：同註三，頁六五。

註七：蕭水順，《從鍾嶸詩品到司空詩品》（台北：文史哲出版社，民國八十二年二月），頁一二一—一二二。

註八：同註三，頁一七五。

註九：同註三，頁八九。

總結：思想大解放

身爲一個藝術家、作家、詩人，一生能否創作出傳世經典，或至少也要能感動許多同時代的人！固然有很多方法上的評價（判定）標準，如想像力、靈感、意象、意境、言志、比興、興、妙悟、神韻……應如何等，乃至歷代大詩人、詩論家，李白、杜甫、鍾嶸、皎然、司空圖……許多著書立說。但我總結一言，曰：「思想大解放」，思想不徹底自我解放，寫不出上品、極品。

這當然不是容易做到的，尤其不是「能創作、能寫詩」的人就能做到。還有很重要的「先天基因」是決定性作用。畢竟阿斗如何解放，頂多把「躲貓貓」玩得特別好，不可能有大突破！

古今中外的大作家、大詩人，共同的特徵是思想大解放，才成就傳世之作。《但丁神曲》、《奥德賽》、《伊利亞德》，及中國的《封神榜》、《西遊記》，當代流行的金庸小說、哈利波特，歷代名詩人……若不解放思想，斷然寫不出傳世之作。

思想大解放，解放於現實生活掙扎之外，解放於肉體精神之外，解放於眾生神鬼之外，解放於地心引力質量重量之外，解放於情愛性慾之外，解放於禮義廉恥之外（老莊所言之棄仁絕義），解放於生老病死輪迴之外……詩人，於是自由自在、浮游、逍遙、棄絕感官，思接千載，心通萬物，詩的翅膀自然飛了起來，真情意境在自然狀態下，讓人感動，瞬間之意，成爲永恆之美「境」！

我研究詩人一信這輩子多數作品，從《夜快車》開始，到《飛行之頭顱》止，大體上我看到詩人的思想解放，是在層層開展，步步解放的。

《夜快車》如：拂曉、除夕夜零點、時間、浪子與白鴿、夜快車、五十號砝碼、青春、年紀、牢獄、蝶、啃墓碑的人、春花。

《時間》如：寂寞、金山狩獵、採狼花者、詩論、酗夜的人、時間、病的觸角、秘密、愛情。

《牧野的漢子》如：牧野的漢子、風浪戀、味、路燈、黃昏、中年再有感、白色撲來、我、死亡、眸子、水的愛情回憶、交通、春、夏、秋、冬。

以上到到一九九〇年（一信五十八歲），我認爲是詩人思想解放之前期，想像力已經在開展，只是人生還有很多未了未完的糾纏，種種拘束要掙脫，尚未到可以天馬行空，三界廿八重天自由來去的境地。

《婚姻有哭有笑有車子》是準備大解放的轉型期，如浴火詩人、詩、詩的化石、詩之議、鍾錶的型體、春已老？遙遠的自己、飛我、無名之樹、茶之志、茶之放誕、酒之詰、那年、夏夜、除夕0點、路燈三式。

從《一隻鳥在想方向》（一信六十九歲），我認為思想解放已經完成，到《飛行之頭顱》，可謂思想已徹底完成解放了。到了這個地步，他尚未能有超越余光中、洛夫、徐志摩、艾青、北島或大唐之「仙佛聖鬼」四大詩家，這只能說是他的「基因」問題，不能說一信不夠努力，在當代中國兩岸詩壇上以耄耋之齡的詩人群中，還能如一信日夜勤於寫作而力求解放者，尚有何人？恐均未能出其右者。

故本書以思想大解放做為一信詩學研究之總結。講到「思想解放」諸君以為中國專制時代，那有什麼思想解放？只有民主社會才有思想解放。恰好相反，民主過度開放，大多形同失控，安全顧慮太多，人人自危，不利於解放思想。中國專制時代日出而作，日落而息，帝力與我無干，詩人反而有最自由的空間。更何況，思想解放和社會形態不一定有直接關係。許多大思想家、大詩人，都是肉體承受極大的壓力痛苦，傳世經典於焉誕生！

《頭顱》集詩作絕大多數可以做大解放代表作講解，「飛行之頭顱」、「阿里山有腳」、「一個幻影」、「策馬詩道尋奇蹟」及病房系列，已舉例者不再提，賞讀抒情之作「暮年VS年暮」。（註一）

陽明山上　年暮雪花
與暮年白髮共飄舞
童年的微笑　與
年暮的風　共昂嘯

年暮家中　兩頭暮年白髮
滿堂子孫　滿屋笑聲
童稚唱叫跑跳鬧
滿杯高梁酒　滿桌菜餚香
暮年沉醉於年暮溫馨中

年暮的歡樂　飆上高山之巔
高山滿頭白髮飛揚
暮年的快慰　溢屋內廳堂
屋內滿廳滿室笑聲
詩及我及我腦　卻年少輕狂地
奔躍於大道小街山海顛涯
揚聲傲嘯

這是一幅傳統中國社會的「家庭幸福美滿圖」，詩中「雪花、飄舞、白髮飛揚」都是自由自在的意象，六個「滿」字不僅是人生的圓滿，言外之意是人生已無求，無求品自高自逍遙。但這首詩最後要表達的是，在詩創作領域內可以「揚聲傲嘯」了，如同練了《葵花寶典》的東方不敗，他解放！他傲嘯、傲笑！

中國詩學「興」的審美條件，基本上詩人必須處於「虛靜」狀態，自由自在無拘無束的心境中，歷代各詩家如劉勰、王維、陶淵明、司空圖都有論說。若要追源頭，應是佛教禪宗和道家思想是兩條影響主線，《莊子》中有這麼一個故事。

宋元君要找一個能作畫的畫師，召來的畫師都恭立一旁待命，謹慎小心地濡筆調墨，大氣不敢喘一聲，門外還有排隊的畫師等待國君的吩咐。有一個晚到的畫師，即不去排隊也不急著進宮，旁若無人任意坐，受命時也不站起來，事畢揚長而去。宋元君覺得奇怪派人去查，只見他解衣露體，在大自然氣氛中正運筆作畫。宋元君聞知說：「他才是真正的畫師。」這是我國歷代藝術創作者稱道的「解衣般礡」典故，說明藝術家必須在一種率真、隨性、自由的心境下，才能創造真正的藝術。詩，乃藝術之晶品，更要大自由、大解放。再賞讀另一首把自己所有全部解放的詩，「夢醒猶朦朧」。（註二）

作過了黃粱夢
經歷了貴賤榮辱　愛恨情仇
如今　夢醒仍朦朧
歲逾八旬　回顧夢境
難禁感慨浩嘆

也揚眉踞詩傲笑　傲嘯
傲笑又傲嘯　夢境中曾
越遍了千山萬水　千情萬慾
歷過了千難百劫　苦樂生死
也讀了千書萬文　千詩萬言
也寫過了靈思小語　放詩狂詞
如今　自豪地捧詩高吟　持卷朗誦
如今　夢雖醒卻仍朦朧

這首詩也充份展露詩人可以無拘無束的心境，原來詩人這輩子該歷過的都歷過了！該看該吃的也全有過了，貴賤榮辱愛恨情仇都放下了！如今就是揚眉踞詩傲笑、傲嘯，傲笑又傲嘯，塵緣已了，身心自在，如浮游、逍遙！

相信很多作家都會「捕捉靈感」，靈感就是要在自由心境，身心空寂的情境下，最易出現。羅曼羅蘭曾描述，「一八九〇年三月，在霞尼古勒山上，我沈浸在遐想中。夕陽照耀，羅馬城上紅光閃閃，圍繞著城市的田野如同一片汪洋……忽然間，我將閉著的眼睛微微張開……我第一次意識到我的生命，自由的，赤裸裸的生命……就在這兒，《約翰・克里斯多夫》開始被孕育。」（註三）郭沫若曾提過一個詩的公式：「詩＝直覺＋情調＋想像＋適當文字」。（註四）這公式中的三個要件（直覺、情調、想像），完全須要自由心境，愈是大自由、大解放，愈能產生好詩。「詩野蠻」這首詩也很能代表詩人思想大解放的情境。（註五）

捭出文字　就出刀如風　出劍如雨
砍殺詩章就是美德
不信去問「修辭」
不砍不殺不刪不修
那能成有血有肉有精誠精鍊的真詩
……
現代詩且有闇哲學　屠美學
獸嗥成詩歌　吼聲為史詩

搖滾樂中擴張音爆
強佔詩語言　詩生命　詩靈魂
比野蠻更粗悍地野蠻

野蠻　野蠻　野蠻
以樸真野蠻情懷
衝搏向多虛偽文明時代
揮刀砍詩的舊思維老觀念
舞劍斬削現代魔面汙手
殺入貪婪權勢核心
毀舊創新　創造
新題材新意象新詩語言

野蠻　野蠻　野蠻
祇有野蠻才能有野生野長新創作

能野　敢野　才有野野的時代新作品
野蠻　我要放誕地野蠻創作新詩
「詩野蠻」部份

「野者，詩之美也。」「人之爲詩，要有野意。」「詩喜疏野。」這是司空圖談詩品常提到前人所述詩要有的「野意」。（註六）野就是自然狀態，自由的情境。

這首詩用了很多「野蠻」手段，砍砍殺殺，其實都超出文字的表層詞意，而有多元語言，如「砍殺詩章就是美德」、「閹哲學、屠美學」，是很新的創句法，表示只管回歸自然，把那些理論已全部「解放」了。現在是一信的「大解放時代」，他「能野　敢野　才有野野的時代新作品／野蠻　我要放誕地野蠻創作新詩」，一信真是愈老愈原始，把心境解放成一片原始自然野景。

這種自由心境，在《莊子‧在宥》稱逍遙境界，「浮游，不知所求；猖狂，不知所往。游者鞅掌，以觀無妄。」（註七）逍遙浮游是沒有隔閡的「絕對自由」情境，更是超越的精神，泳於江則化入爲整條大江，泳於海則擁有整個大海。可以說，詩人若能放空自己，心境處於「絕對自由」的大解放境界，便是物我同一、天人合一的境界了。

針對一信的詩學研究、解剖到此，我一則喜一則憂。喜的是他的詩作攀到了一座高峰，詩人在思想上到了大解放的逍遙心境。憂的是，到了山峰必然就要「走下坡了」，而大解放的盡頭又是什麼？這裡誰來研究研究！

註釋：

註一：一信，《飛行之頭顱》（台北：新北市政府文化局，二〇一二年十一月。）頁一五二—一五三。

註二：同註一，頁一五一。

註三：曹長青、謝文利，《詩的技巧》（台北：洪葉文化，一九九六年七月），頁三一—三二。

註四：同註三，頁四四。

註五：同註一，頁一一〇—一一二。

註六：蕭水順，《從鍾嶸詩品到司空詩品》（台北：文史哲出版社，民國八十二年二月），頁二一六—一一七。

註七：陳慶輝，《中國詩學》（台北：文史哲出版社，民國八十三年十二月），頁一四八—一四九。

附件一：傳奇詩人一信

一信，本名徐榮慶，一九三三年出生於漢口市（現連同武昌、漢陽合稱武漢市）。父母業商，幼少年在漢口市生活及求學。

一九四九年因戰亂赴廣州投親，這年中秋隨新六軍（雄獅部隊）來到台灣，初駐台北市圓山，曾任士兵、軍官，至一九六〇年由軍隊退役。離開軍職後，民間工作担任過編輯、店員、主編、教員、講師、公營事業單位課長、專員、副經理、同簡任職退休。

一信曾主編《世界畫刊》、台灣省道路交通委員會之《道路與安全》月刊、台灣省交通處之《交通安全》月刊。並曾編《中國新詩》及青年寫作協會、文藝協會、新詩學會會刊等十餘種刊物。

一信著作詩集有《夜快車》、《時間》、《牧野的漢子》、《婚有哭有笑有車子》、《一信詩選》（大陸版）、《一信短詩選》（中英對照・香港版）、《一隻鳥在想方向》、

《一信詩話》、《愛情像風又像雨》、《一信詩選》、《飛行之頭顱》。此外，編有《世界攝影佳作選介》、各種評論集、叢書、專題研究等，共二十餘種。

一信曾獲中華民國青年學藝競賽新詩獎、詩人節詩運獎、中國文藝協會文藝獎章新詩創作獎、詩教獎、詩歌藝術學會詩歌創作獎、中山文藝創作獎、中國文藝協會視同終身成就獎之榮譽文藝獎章文學獎及其他獎項十餘次。

已年逾八旬的一信，生命歷程中充滿著傳奇。他自年青時代因戰亂未受高等學府教育，且自幼即患嚴重口吃（結巴），無法順利言語交談，但後來卻多次赴大專院校發表演講及詩歌朗誦，曾担任政治大學企管中心講座多年，講課亦頗受歡迎。並担任公路局員工訓練中心講師二十餘年，爲該局職員、駕駛員、服務員及受委託外來受訓人員講課，亦頗受好評。同時創作出版交通叢書、專題研究、詩集、詩評論集十餘種；主編刊物及選集亦十餘種，担任各種文藝、詩歌獎評審三十餘年。

一信進入公家單位服務，既無人脈關係，且個性耿直、執拗，又無背景，尤不善鑽營，竟能由臨時額外雇員，逐步晋升至公營事業單位副長級（同簡任）主管退休。

回顧一信耕耘詩創作半個多世紀，但他卻始終在主流派詩人群之外。五十年代，他因堅持現代詩不應與中華文化切斷臍帶，也不認爲中國新詩是橫的移植，所以堅不參加

「現代派」，被排除在詩壇主流之外。以後「本土派」、「鄉土派」極盛時，他仍堅持詩不能不繼承中華文化血統，應以中華文化爲活水源頭的靈糧，詩的表現方法、技巧盡可多元運用，因此也被摒出主要潮流。「意象派」極盛一時之際，他認爲詩的表現藝術多元化，不宜拘於一格，意象表現爲詩藝一種，堅持「深刻而不晦澀，暢達而不淺白」，再被列入非主流詩人。

在各種流派衝激中，他仍如一堅持自己，可是，他非常贊同鍾鼎文先生的「中國新詩歸宗」主張。因此，各種詩選、詩人會談、會議，都很少選他或邀他參加，而且他有叛逆性格，只追求詩創作，不附和各詩派霸主，他永遠被排除在詩壇主流派之外。但我認爲，因爲是這樣的一信，才是當代詩壇最值得好好研究他的詩學詩品，好好品賞理解他的創作風格的詩人。

近年一信爲諸病所磨，先後遭病危死亡兩次，卻死而復生。一次病危宣佈放棄，竟自行漸癒，患絕症兩次亦癒。現年逾八旬仍健在寫詩寫評不輟，精神可佩。

我祈願，一信大哥與老病共舞，與魔磨下去，再幹、再拼！持續去年出版的《飛行之頭顱》詩集，再寫再出版一本叫《飄逸的心臟》或《奔走的雙手》都行！（台北公館蟾蜍山萬盛草堂主人　陳福成　草於二〇一三年夏吉日）

附件二：一信的文學風華與人生歷程大事記要（年表）

民國二十二年（一九三三）　一歲

△出生於湖北省漢口市。父徐明富，母徐劉明媛，業商。雖非富貴家庭，但無虞溫飽。兄徐榮清、姊徐榮芳、妹徐榮蘭，一信本名徐榮慶。

民國二十七年（一九三八）　六歲

△爲躲避日機轟炸，避居漢陽縣之僻鄉。

△爲避倭鬼攻擊漢口，舉家遷居漢陽縣鄉下，數月後再返回漢口。

民國二十九年（一九四〇）　八歲

△漢口市因中日戰爭淪陷於日本，父母不願子女受日本統治下教育，乃進入私塾讀書，並由兄、姊及家庭教師講讀。

民國三十二年（一九四三）　十一歲

△爲躲避美國飛機轟炸倭鬼在武漢之軍事設施及補給，再度遷漢陽縣僻鄉，數月後再回漢口。

民國三十三年（一九四四）　十二歲

△父親病歿。

民國三十四年（一九四五）　十三歲

△倭國無條件投降，舉國歡騰，八年抗日，終獲勝利。

民國三十八年（一九四九）　十七歲

△因國共內戰，隻身至廣州投姊夫姊姊處避難，在廣州邵邊被服廠子弟小學任教，教年齡超過自己之員工子女讀書。

△年底隨新六軍來台。

民國四十年（一九五一）　十九歲

△多次主編第六軍（由新六軍改稱）情報隊壁報，並參加比賽得獎。偶而投稿軍部之「雄獅報」獲採用。

民國四十二年（一九五三）　二十一歲

△偶而投稿花蓮（部隊駐防該地區）之更生報副刊、常獲採用。

民國四十四年（一九五五）　二十三歲

△陸軍駐防金門，投新詩稿（送別）一詩，刊登於《正氣中華》日報副刊。

民國四十五年（一九五六）　二十四歲

△參加國防部總政治部軍中文藝函授班，獲批改教授覃子豪、墨人先生，先後選介習作刊登於校刊《中華文藝》中。

△習作「嚮往」經覃子豪先生選介，發表於《中華文藝》五月四日出版之第四卷第三期，此爲作品首次刊登在文藝刊物。

民國四十六年（一九五七）　二十五歲

△新詩作品先後發表於《藍星週刊》、《中國日報》綠苑詩刊、《前鋒報》副刊及其他雜誌。爾後數年持續發表創作。

民國四十九年（一九六〇）　二十八歲

△刊戴於《文壇》季刊之新詩作品〈電燈〉、〈電波〉被選入《十年詩選》。

△同年自軍中退役

民國五十年（一九六一）　二十九歲

△第一本詩集《夜快車》八月出版，由《世界畫刊》出版及發行。

△同年進入世界畫刊，先担任收費員、校對、編輯，後接任主編業務。

民國五十一年（一九六二）　三十歲

△因與社長有所誤會，離開世界畫刊。

△在台北市重慶南路春江文具店當店員，約一年。

民國五十二年（一九六三）　三十一歲

△再返回世界畫刊担任主編。

△年底離開世界畫刊。

民國五十三年（一九六四）　三十二歲

△元月一日進入台灣省道路交通安全委員會主編《道路與安全》月刊，二月正式出版。

△經中國青年反共救國團文教組朱橋邀，參加「中國青年寫作協會」活動，並先後當選理事及常務理事。

△於十一月十二日與詩人綠蒂創立「中國青年詩人聯誼會」，同時出版詩刊，定名爲《詩》，擔任主編。並擔任聯誼會常務委員兼副總幹事。

民國五十四年（一九六五）　三十三歲

△經常辦理大專院校詩歌朗誦會及學術讀演、詩歌學術研討會，並和龍思良、朱橋（幼獅文藝主編）等，在台北市西門町鬧市舉辦街頭現代詩畫展。

民國五十五年（一九六六）　三十四歲

△與印尼僑生鄧容全小姐結婚。

△六月起原《詩》刊第五期改名《中國詩刊》。

民國五十六年（一九六七）　三十五歲

△長子懷鴻於四月出生。

△十月、第二本詩集《時間》出版，有余光中教授提序。

△十一月十二日，「中華民國新詩學會」成立，爲發起人之一，並當選理事。

△解散「中國青年詩人聯誼會」。

△十二月獲「中國青年反共救國團」之「青年學藝競賽文藝創作新詩獎」。擔任「中國青年寫作協會」副總幹事，總幹事由鄭愁予擔任。本人同時被選爲理事。

民國五十七年（一九六八）　三十六歲

△六月次子華康出生。

民國五十八年（一九六九）　三十七歲

△自一九六四年以來，工作忙碌，除主編《道路與安全》月刊外，經常兼編《世界畫刊》，並參加中國青年寫作協會之各項活動及會務工作。同時因國內車輛驟增，車禍亦隨之驟增，乃經常托人蒐集國外交通安全資料，找人翻譯刊出，供台灣交通有關單位參考，貢獻頗多。

民國五十九年（一九七〇）　三十八歲

△六月，出版《世界攝影佳作選介》（台北：長歌出版社）

△七月，三子華良、四子華謙雙胞胎出生。

民國六十年（一九七一）　三十九歲

△四月調入台灣省公路局工作。

民國六十二年（一九七三）　四十一歲

△參加在台灣舉辦之「世界詩人大會」第二屆會議，在圓山飯店舉辦。一九七〇年後，由於本職工作及家庭負擔均重，另朱橋過世，鄭愁予已出國，乃離開青年救國團及青年寫作協會。復因新詩學會爲少數人把持，官僚氣頗重，且有所爲令人不解，再加與舊詩團體糾扯不清。而另有一部分詩人，囂張跋扈，欺世盜名。皆與素所崇敬之清高詩人風範迥異，乃除特殊情形外，不參加詩壇活動近二十年，

後經詩友綠蒂、古丁及秋水主編涂靜怡小姐，數度邀約鼓勵催稿，且詩壇情況已與前不盡相同，遂再慢慢逐漸參加詩藝之活動。

民國六十三年（一九七四） 四十二歲

△多年來担任公路局員工訓練中心兼任講師，訓練駕駛員、服務員、外委交通訓練人員之教育工作。

△出版交通安全著作《汽車安全駕駛要領》、《汽車駕駛道德》兩書。

民國六十五年（一九七六） 四十四歲

△十月，停筆多年後，開始在《秋水》詩刊（12期）發表詩作。

民國六十六年（一九七七） 四十五歲

△元月廿二日，參加「秋水」創刊三週年紀念聯誼會。

民國七十一年（一九八二） 五十歲

△早年新詩作品被選入《葡萄園詩選》集。

民國七十八年（一九八九） 五十七歲

△元月正式參加秋水詩社爲編輯委員。

△七月新詩作品入選秋水詩刊出版之《盈盈秋水》詩選集。

民國七十九年（一九九〇）　五十八歲

△元月出版第三本詩集《牧野的漢子》

民國八十年（一九九一）　五十九歲

△首次回湖北漢口探親，母及兄均已去世，經協商改在回教公墓營葬。此次會晤武漢詩友古遠清等多位，相晤甚歡。並遊黃鶴樓、歸元寺、中山公園，歸山電視塔俯視長江、漢水交流處。

△獲中華民國八十年詩人節「詩運獎」。

民國八十一年（一九九二）　六十歲

△十一月，當選中華民國新詩學會理事。

民國八十二年（一九九三）　六十一歲

△元月復刊出版《中國新詩》，任總編輯，出版至第四期後因經費不繼停刊。

△五月受邀參加「三月詩會」。

△十月，新詩作品被選入秋水詩刊二十週年詩選集《悠悠秋水》。

民國八十三年（一九九四）　六十二歲

△新詩作品入選《中國詩歌選》。嗣後經常入選該年度詩選。

△六月十六日，偕妻鄧容全再返故鄉漢口，祭拜父母及大哥墳墓。後乘火車赴北京，遊故宮、長城、頤和園等多處名勝古蹟。

△八月二十七日至三十一日，參加在台北市環亞大飯店國際會議廳舉行之「第十五屆世界詩人大會」。

△十一月，當選中華民國新詩學會常務理事。

民國八十四年（一九九五）　六十三歲

△獲中華民國八十四年文藝節中國文藝協會之文藝獎章新詩創作獎。

民國八十五年（一九九六）　六十四歲

△三月，擔任執行編輯主編「中華民國新詩學會」編選之《中國新詩選》集。

△五月十五至三十日，偕妻容全赴美遊歷，先後遊迪士乃樂園、賭城、金門大橋、長堤、漁人碼頭等。

△十月出版第四本詩集《婚姻有哭有笑有車子》。出版後個人在中國文藝協會舉辦新書發表會。

民國八十六年（一九九七）　六十五歲

△元月自服務單位退休。

△五月，隨中國文藝協會訪問北京、西安、廣州多處。同行有陳坤一、綠蒂、彭鏡禧、張放、陳信元、沈謙、亮軒、陳義芝、林黛嫚、謝鵬雄等多人，此為兩岸初次正式文化交流。

△獲中華民國詩人節詩教獎。

△新詩作品入選《葡萄園小詩》選集。

△八月由大陸武漢之「武漢出版社」出版發行作者第五本詩集《一信詩選》。

△十月加入《乾坤詩刊》為社務委員，並每期撰寫〈乾坤詩品〉詩評論專欄。

民國八十七年（一九九八）　六十六歲

△六月，與綠蒂共同主編「中華民國新詩學會」編選之《中華新詩選粹》，並實際執行選編校工作。

△十一月當選中華民國新詩學會常務理事。

民國八十八年（一九九九）　六十七歲

△五月當選中國文藝協會理事。

△六月二日至十三日，隨中國文藝協會訪問團赴大陸訪問。三日在北京「中國作家協會」舉行之作品研討中發表論文。隨後赴絲路及敦煌、嘉峪關、祁連山、酒泉、

莫高窟、沙漠之鳴沙山、月牙泉、陽關古城、千佛洞、蘭州、廣州等處訪問交流。

△十月二日受「中國詩歌藝術學會」邀請，於詩人之夜中發表論文〈星辰自亮詩品晶晶〉論評資深女詩人晶晶（劉自亮）新詩作品，至獲佳評。

民國八十九年（二〇〇〇） 六十八歲

△新詩作品入選中國詩歌藝術學會編選之《五月詩穗》詩選集。

△新詩作品入選《秋水詩刊》編選之二十五週年紀念詩選集《浩浩秋水》。

△十一月二十日至十二月二日隨同中國文藝協會訪問團赴大陸北京、張家界、長沙、成都、峨嵋山等處訪問。此行因與名詩人落蒂同住一房，落蒂乘機和一信多聊，回來後落蒂寫一篇「一信詩作」發表在台灣時報（91.2.18）。

民國九十年（二〇〇一） 六十九歲

△元月十三日當選中華民國詩歌藝術學會理事。

△三月新詩作品入選《九十年代詩選》集。

△九月隨文藝訪問團訪問北京、新疆。

△十二月二十二日，獲中國詩歌藝術學會頒贈第六屆「詩歌創作獎」。

△十二月新詩集《一隻鳥在想方向》，由台北縣政府文化局出版。

民國九十一年（二〇〇二） 七十歲

△元月十二日，在新店市新店圖書館舉行《一隻鳥在想方向》新書發表會。參加文友一百數十人，情緒熱烈，頗爲成功。

△三月七日青年名攝影家陳文發來家中專題訪問攝影。

△三月二十七日，長孫啓恩出生，成詩〈一匹小馬裸身而來〉（肖馬）紀念，發表於《世界論壇報》。

△五月十四日受聘評審中華民國新詩學會主辦之「青年優秀詩人獎」，歷年來均擔任該獎之評審工作，經評審獲獎之優秀青年詩人，頗多已成爲名詩人。

△六月由香港銀河出版社出版《一信短詩選》，並列入「中外現代詩名家集萃叢書」系列。新詩作品入選《乾坤》詩選集，於七月二十一日在台北市羅斯福路中國文藝協會辦理該詩選之新書發表會。

△十月二十八日，新詩作品〈雪凝〉，經陳素英教授譜曲，於晚七時三十分在台北市中山堂由台北合唱團演奏合唱，效果至佳。

△十一月十一日十時，在台北市中山南路國家圖書館獲頒九十一年度「中山文藝獎」文藝創作獎。

△十二月十四日，當選中華民國新詩學會理事。

民國九十二年（二〇〇三） 七十一歲

△三月七日，受聘擔任中國文藝協會五四文藝獎章評審委員，評審之得獎人，經十三日提理監事會通過，於五月四日文藝節頒獎。

△三月上旬，台灣爆發非典型肺炎（SARS）傳染病症，歷時三月餘，因該病死亡者八十四人，可能病例六七一人，疑似病例一千三百四十九人，人人自危，造成旅遊停止，部份商店歇業，各種活動亦均停辦，經濟衰退，社會發生嚴重恐慌。

△五月一日與台北縣文化局簽訂合約，出版《愛情像風又像雨》詩集。十二月印妥發行。

△五月四日當選中國文藝協會理事，並於十六日當選常務理事。

△五月十日受邀參加天使畫廊所舉辦之「SARS 驚見禪」詩朗誦會及「洛夫禪詩書藝展」開幕酒會，並朗誦新作〈黑色之雪〉新詩。

△五月十日被推選爲「中國詩歌藝術學會」會員選集之編輯委員。

△六月十八日，再度受聘爲「中華民國新詩學會青年優秀詩人獎」評審委員，參加評審會議。

△六月二十四日《文訊》月刊請名女作家宋雅姿小姐來家中訪問，並專文報導配合照片刊於該刊八月一日出版之二一四期中。
△經台大醫院診斷，患中度前列腺癌，於十一月廿三日住院，廿五日開刀手術割除一邊之攝護腺，十二月一日出院；九日又因感染高燒再住院，至十二日出院返家休養門診治療。又一次大病餘生，但尚注意癌細胞延蔓或轉移。
△十二月，出版詩集《一信詩選》、詩評論集《一信詩話》，由秀威資訊科技公司出版。

民國九十四年（二〇〇五）　七十三歲

△三月，再受聘爲中國文藝協會文藝獎章評審委員會文學類評審委員。多年來每年都擔任該評委員，但卻是第一次收到聘書。

民國九十五年（二〇〇六）　七十四歲

△三月，再受聘爲中國文藝協會之「中國文藝獎章文學類評審委員」。
△五月，當選中國文藝協會理事。
△十一月，當選中華民國新詩學會常務理事。

民國九十六年（二〇〇七）　七十五歲

△三月十日，隨中國文藝協會訪問團，先後訪問北京、重慶、酆都、三峽、杭州、黃山，在黃山高峰處，突然暈倒，坐滑竿返回居住旅社，自此不敢遠遊多年。

△五月四日，獲中國文藝協會頒發視同終身文藝獎之「榮譽文藝獎章」。

△六月，與向明、曹介直、朵思、艾農、鍾雲如、張國治七人，合著《食餘飲後集》詩集（台中，瑪利亞社會福利基金會出版）。

△九月，主編三月詩會同仁選集《彩露滿天》出版，文史哲出版社印行，並辦理新書發表會。

民國九十七年（二〇〇八）　七十六歲

△元月由文津出版公司出版之《台灣當代新詩史》（古遠清著）於第十八章第三節專節介紹「追尋存在意義的一信」。

民國九十九年（二〇一〇）　七十八歲

△十一月，當選中華民國新詩學會常務理事。

民國一〇〇年（二〇一一）　七十九歲

△五月十八日進入台大醫院住院，於十九日作胰頭十二指腸切除手術，轉入加護病房，後轉普通病房於六月八日出院門診。

△六月十二日因高燒及無法飲食急診再住台大醫院，於十四日轉入加護病房，診斷爲腸阻塞及手術後胆道感染，病況危急，本人及家人均放棄搶救與治療，經再開刀，傷口久不收口且湧血，後奇蹟式自然逐漸好轉，七月五日轉入普通病房，於八月十一日出院回家休養，可說是死中逃生。

民國一〇一年（二〇一二）　八十歲

△十一月，詩集《飛行之頭顱》由新北市政府文化局出版，遠景出版公司編印。

民國一〇二年（二〇一三）　八十一歲

△二月二日恢復參加三月詩會例行之每月聚會，請病假達一年半，詩友多次聯名問候或個別探視，一信殊感溫暖與感慨。

△八月，由陳福成著本書《一信詩學研究》出版，文史哲出版社印行，並於九月七日在文協舉行新書發表會。

陳福成60著編譯作品彙編總集

號	書　名	出版社	出版時間	定價	字數（萬）	內容性質
	決戰閏八月：後鄧時代中共武力犯台研究	金台灣	1995.7	250	10	軍事、政治
	防衛大臺灣：臺海安全與三軍戰略大佈局	金台灣	1995.11	350	13	軍事、戰略
	非常傳銷學：傳銷的陷阱與突圍對策	金台灣	1996.12	250	6	傳銷、直銷
	國家安全與情治機關的弔詭	幼　獅	1998.7	200	9	國安、情治
	國家安全與戰略關係	時　英	2000.3	300	10	國安、戰略研究
	尋找一座山	慧　明	2002.2	260	2	現代詩集
	解開兩岸10大弔詭	黎　明	2001.12	280	10	兩岸關係
	孫子實戰經驗研究	黎　明	2003.7	290	10	兵學
	大陸政策與兩岸關係	黎　明	2004.3	290	10	兩岸關係
	五十不惑：一個軍校生的半生塵影	時　英	2004.5	300	13	前傳
1	中國戰爭歷代新詮	時　英	2006.7	350	16	戰爭研究
2	中國近代黨派發展研究新詮	時　英	2006.9	350	20	中國黨派
3	中國政治思想新詮	時　英	2006.9	400	40	政治思想
4	中國四大兵法家新詮：孫子、吳起、孫臏、孔明	時　英	2006.9	350	25	兵法家
5	春秋記實	時　英	2006.9	250	2	現代詩集
6	新領導與管理實務：新叢林時代領袖群倫的智慧	時　英	2008.3	350	13	領導、管理學
7	性情世界：陳福成的情詩集	時　英	2007.2	300	2	現代詩集
8	國家安全論壇	時　英	2007.2	350	10	國安、民族戰爭
9	頓悟學習	文史哲	2007.12	260	9	人生、頓悟、啓蒙
	春秋正義	文史哲	2007.12	300	10	春秋論文選
1	公主與王子的夢幻	文史哲	2007.12	300	10	人生、愛情
2	幻夢花開一江山	文史哲	2008.3	200	2	傳統詩集
3	一個軍校生的台大閒情	文史哲	2008.6	280	3	現代詩、散文
4	愛倫坡恐怖推理小說經典新選	文史哲	2009.2	280	10	翻譯小說
5	春秋詩選	文史哲	2009.2	380	5	現代詩集
6	神劍與屠刀（人類學論文集）	文史哲	2009.10	220	6	人類學
7	赤縣行腳・神州心旅	秀　威	2009.12	260	3	現代詩、傳統詩
8	八方風雨・性情世界	秀　威	2010.6	300	4	詩集、詩論
9	洄游的鮭魚：巴蜀返鄉記	文史哲	2010.1	300	9	詩、遊記、論文
0	古道・秋風・瘦筆	文史哲	2010.4	280	8	春秋散文
1	山西芮城劉焦智（鳳梅人）報研究	文史哲	2010.4	340	10	春秋人物
2	男人和女人的情話真話（一頁一小品）	秀　威	2010.11	250	8	男人女人人生智慧

陳福成 60 著編譯作品彙編總集

33	三月詩會研究：春秋大業 18 年	文史哲	2010.12	560	12	詩社研究
34	迷情・奇謀・輪迴（合訂本）	文史哲	2011.1	760	35	警世、情色
35	找尋理想國：中國式民主政治研究要綱	文史哲	2011.2	160	3	政治
36	在「鳳梅人」小橋上：中國山西芮城三人行	文史哲	2011.4	480	13	遊記
37	我所知道的孫大公（黃埔 28 期）	文史哲	2011.4	320	10	春秋人物
38	漸陳勇士陳宏傳：他和劉學慧的傳奇故事	文史哲	2011.5	260	10	春秋人物
39	大浩劫後：倭國「天譴說」溯源探解	文史哲	2011.6	160	3	歷史、天命
40	臺北公館地區開發史	唐　山	2011.7	200	5	地方誌
41	從皈依到短期出家：另一種人生體驗	唐　山	2012.4	240	4	學佛體驗
42	第四波戰爭開山鼻祖賓拉登	文史哲	2011.7	180	3	戰爭研究
43	臺大逸仙學會：中國統一的經營	文史哲	2011.8	280	6	統一之戰
44	金秋六人行：鄭州山西之旅	文史哲	2012.3	640	15	遊記、詩
45	中國神譜：中國民間信仰之理論與實務	文史哲	2012.1	680	20	民間信仰
46	中國當代平民詩人王學忠	文史哲	2012.4	380	10	詩人、詩品
47	三月詩會 20 年紀念別集	文史哲	2012.6	420	8	詩社研究
48	臺灣邊陲之美	文史哲	2012.9	300	6	詩歌、散文
49	政治學方法論概說	文史哲	2012.9	350	8	方法研究
50	西洋政治思想史概述	文史哲	2012.9	400	10	思想史
51	與君賞玩天地寬：陳福成作品評論與迴響	文史哲	2013.5	380	9	文學、文化
52	三世因緣：書畫芳香幾世情	文史哲				書法、國畫集
53	讀詩稗記：蟾蜍山萬盛草齋文存	文史哲	2013.3	450	10	讀詩、讀史
54	嚴謹與浪漫之間：詩俠范揚松	文史哲	2013.3	540	12	春秋人物
55	臺中開發史：兼臺中龍井陳家移臺略考	文史哲	2012.11	440	12	地方誌
56	最自在的是彩霞：台大退休人員聯誼會	文史哲	2012.9	300	8	台大校園
57	古晟的誕生：陳福成 60 詩選	文史哲	2013.4	440	3	現代詩集
58	台大教官興衰史話	文史哲				台大、教官
59	爲中華民族的生存發展進百書疏：孫大公的思想主張書函手稿	文史哲	2013.7	480	10	書簡
60	把腳印典藏在雲端：三月詩會詩人手稿詩	文史哲				手稿詩
61	英文單字研究：徹底理解英文單字記憶法	文史哲				英文字研究
62	迷航記：黃埔情暨陸官 44 期一些閒話	文史哲	2013.5	500	10	軍旅記事
63	天帝教的中華文化意涵：掬一瓢《教訊》品天香	文史哲			10	宗教思想
64	一信詩學研究：解剖一隻九頭詩鵠	文史哲			10	文學研究
65	「日本問題」的終極處理 — 廿一世紀中國人的天命與扶桑省建設要綱	文史哲			2	民族安全

陳福成國防通識課程著編作品

(各級學校教科書)

編號	書　　名	出版社	教育部審定
1	國家安全概論（大學院校用）	幼　獅	民國 86 年
2	國家安全概述（高中職、專科用）	幼　獅	民國 86 年
3	國家安全概論（台灣大學專用書）	台　大	（台大不送審）
4	軍事研究（大專院校用）	全　華	民國 95 年
5	國防通識（第一冊、高中學生用）	龍　騰	民國 94 年課程要綱
6	國防通識（第二冊、高中學生用）	龍　騰	同
7	國防通識（第三冊、高中學生用）	龍　騰	同
8	國防通識（第四冊、高中學生用）	龍　騰	同
9	國防通識（第一冊、教師專用）	龍　騰	同
10	國防通識（第二冊、教師專用）	龍　騰	同
11	國防通識（第三冊、教師專用）	龍　騰	同
12	國防通識（第四冊、教師專用）	龍　騰	同

註：以上除編號 4，餘均非賣品，編號 4 至 12 均合著。